基于优化营商环境的
民营企业社会责任推进机制研究

JIYU YOUHUA YINGSHANG HUANJING DE
MINYING QIYE SHEHUI ZEREN
TUIJIN JIZHI YANJIU

张　丽／著

知识产权出版社
全国百佳图书出版单位
—北京—

图书在版编目（CIP）数据

基于优化营商环境的民营企业社会责任推进机制研究/张丽著 . — 北京：知识产权出版社，2023.10

ISBN 978-7-5130-8310-2

Ⅰ. ①基… Ⅱ. ①张… Ⅲ. ①民营企业—企业责任—社会责任—研究—中国 Ⅳ. ①F279.245

中国版本图书馆 CIP 数据核字（2022）第 155669 号

内容提要

本书在梳理企业社会责任相关理论的基础上，从履行现状和推行机制等方面分析了我国营商环境和企业履行社会责任之间的关系，探讨了两者相互影响促进的因素，并以山西省民营企业社会责任履行实例进行说明和分析，进而提出推进民营企业更好地履行社会责任的机制。

本书可供企业和政府相关机构工作人员阅读。

责任编辑：阴海燕　　　　　　　　　　　　　　责任印制：孙婷婷

基于优化营商环境的民营企业社会责任推进机制研究

张　丽　著

出版发行：知识产权出版社有限责任公司	网　　址：http:// www. ipph. cn
电　　话：010—82004826	http:// www. laichushu. com
社　　址：北京市海淀区气象路 50 号院	邮　　编：100081
责编电话：010—82000860 转 8693	责编邮箱：laichushu@cnipr.com
发行电话：010—82000860 转 8101	发行传真：010—82000893
印　　刷：北京中献拓方科技发展有限公司	经　　销：新华书店、各大网上书店及相关专业书店
开　　本：720mm×1000mm　1/16	印　　张：12
版　　次：2023 年 10 月第 1 版	印　　次：2023 年 10 月第 1 次印刷
字　　数：200 千字	定　　价：68.00 元

ISBN 978-7-5130-8310-2

序　言

　　企业反哺社会,积极参加并履行社会责任,是人类文明发展的重要表现。时至今日,企业不能仅仅作为"经济人"的角色,还需要承担更多的社会责任,以凸显企业存在的价值。尤其是随着具备"社会责任意识"的公众越来越多,公众对企业反哺社会要求越来越高的背景下,人们也更加关注社会的公平正义和自然环境保护问题,对身心健康、自我发展、生存环境的要求不断提高,因此对企业产生了越来越高的期望。

　　当前,中国经济正处于由高速增长转向高质量发展阶段。民营经济是我国经济发展中不可或缺的力量,也是推进供给侧结构性改革、推动高质量发展、建设现代化经济体系的重要主体。党的十九大以来,我国民营经济站在一个新的历史起点上,既迎来了新的机遇,也面临着新的挑战。民营企业作为民营经济的重要组成部分,多年来一直积极履行社会责任,践行绿色发展,对于我国经济实现高质量发展目标有着重要的意义。

　　在民营企业面临转型的关键时刻,其在经营过程中所面临的风险成为一个不可忽视的环境因素,如商业伦理的缺失、道德的滑坡,对企业的声誉与持续经营产生了严重的影响,许多民营企业家未能充分感受到环境改善红利;部分政策如融资便利、减税降费措施"落地难、落地慢";优化营商环境的具体实施措施不够清晰,相关部门在执行层面差异大;"卷帘门""玻璃门""旋转门"现象依然存在。如何使政策落地,如何增强民营企业的获得感,如何激励民营企业积极履行社会责任、实现高质量发展,成为亟待研究的主要议题。

　　营商环境作为一个地方发展的软实力,是民营企业发展重要的基石。可以说,营商环境越好的地方,民营经济越有活力。营造一个好的营商环境就是要解决企业发展中的后顾之忧。近年来,党中央、国务院高度重视优化营商环境工作,围绕"放管服"改革制定出台了一系列重大政策措施。各地市也采取有力措施积极推进高质量发展,推进企业投资项目承诺制、"证照分离"和相对集中行政许可权等改革,制定了一系列优化营商环境的政策措施并倾力推进实施。

在经济快速发展的新时代,对企业履行社会责任提出了全新的要求。立足新时代,企业需要更加主动、更加自觉地把社会责任理念和要求融入企业的决策和运营中。我国出台了一系列的法律法规和相关政策来促进企业履行社会责任。例如,《中华人民共和国公司法》中对职工参与企业经营作了详细的规定,不仅保障了职工的合法权益,也增强了企业经营管理的民主性和科学性。《中华人民共和国消费者权益保护法》中也规定了市场交易行为中的各种权利和义务,不仅使消费者的合法权益得到保障,也有助于维护和稳定社会主义市场经济秩序,进而保持中国经济长期持续健康发展。特别是在党的十八届四中全会中,明确提出了将"加强企业社会责任立法"作为"加强重点领域立法"的内容之一,旨在用法律为企业履行社会责任设立基本的底线。一方面,政府通过政策积极引导和鼓励企业自觉履行社会责任,强化企业社会责任建设,创新企业价值理念;另一方面,政府也为企业营造良好的市场环境,不断优化营商环境,促进企业积极承担社会责任,成为企业承担社会责任的外部推动力。这就要求政府必须把优化营商环境作为其重要的抓手,让企业家安心搞经营、放心办企业。对此,党中央、国务院高度重视优化营商环境,并且始终强调"营造国际一流营商环境",顺应国内形势新变化和民营企业发展诉求。

因此,本书从优化营商环境的视角出发,注重与社会实际相结合,深入剖析企业在复杂的组织运营情境下所面临的各种问题,探究影响民营企业社会责任履行状况的关键因素及作用机理,通过总结和分析其中的问题和原因,帮助企业改善履行社会责任的成效，提升企业的持续竞争力。希望本研究成果为企业推进社会责任履行工作提供借鉴，为政府及监管部门在推进企业社会责任履行中的政策制定提供理论支撑。

2020 年 8 月 1 日

目　　录

第1章 绪 论

　　民营企业作为推动我国经济社会发展不可或缺的重要力量,既是社会责任的积极履行者,也是绿色发展的推动者。党的十九大报告指出,我国社会主要矛盾已经转化为人民日益增长的美好生活需要和不平衡不充分的发展之间的矛盾。这一论断定义了新时期企业社会责任的内涵和发展方向。作为新时代的民营企业,应该最大限度地考虑如何更好地满足"人民日益增长的美好生活需要",如何改变企业自身、所处产业的"不平衡不充分的发展",致力于充分发展,致力于减少不平衡和缩小各种社会差距。在新时期,民营企业要努力实现"更高质量、更有效率、更加公平、更可持续的发展",成为建设现代化经济体系的目标。其中,"更高质量、更有效率"是指民营企业自身发展方式;"更加公平、更可持续的发展"是指民营企业发展过程中要充分考虑所涉及的各利益相关方公平,综合考虑经济、社会和环境的协调发展。这意味着民营企业要通过自身的高质量发展,成为负责任、可持续的市场主体。

　　近年来,随着国家大力开展"放管服"改革,我国营商环境不断改善,国际营商环境排名大幅上升,增强了对外资的吸引力。这些对于扩大就业、推进经济转型升级、实现经济稳中向好起到了关键支撑作用。然而我们要清醒地看到,深化"放管服"改革、转变政府职能的成效仍是初步的,优化营商环境还要付出艰苦努力。那么,如何使政策落地,如何增强民营企业的获得感,如何激励民营企业积极履行社会责任、实现高质量发展,成为亟待研究的主要议题。

1.1 问题的提出

1.1.1 企业的繁荣需要良好的营商环境

营商环境是一个地方发展的软实力,也是民营企业发展重要的基石。好的营商环境就是要解决企业发展中的后顾之忧,可以说,营商环境越好的地方,民营经济越有活力。在市场经济环境下,良好的营商环境可以确保市场竞争规范化,降低企业不必要的成本,让企业可以专注经营、安心生产,对企业影响深远。

当前,中国经济正处于由高速增长转向高质量发展阶段。民营经济是我国经济发展的主力军,也是推进供给侧结构性改革、推动高质量发展、建设现代化经济体系的重要主体(范振华,2018)。党的十九大以来,我国民营经济站在一个新的历史起点上,既迎来了新的机遇,也面临着新的挑战。

从中国经济多年的发展历程来看,国有企业与民营企业在创新机制上存在一定差异,民营企业更多是依靠市场内生形成的创新。在中国经济高质量发展的大环境下,民营经济势必有更广阔的舞台,中国经济的高质量发展也离不开民营企业(叶颥 等,2019)。新时期对民营企业提出了更高的要求,要求其更加自觉地贯彻新发展理念,转型升级、创新发展、全面践行社会责任。国家统计局2019年数据显示,作为我国市场经济体制中占比极高的民营企业,其国内生产总值(GDP)与税收的贡献率高达50%以上,民营企业创造的国内生产总值、固定资产投资以及对外直接投资等的贡献率均超过60%;民营企业中高新技术企业占比超过70%;民营企业提供城镇就业超过80%,对新增就业的贡献率达到了90%。然而我们也要看到,在取得成效的同时,现实中企业经营困难现象依然存在。不可否认的是,在转型发展的重要阶段,民营企业普遍面临着一些问题和压力,许多企业未能充分感受到环境改善红利;部分政策如融资便利、减税降费措施"落地难、落地慢";优化营商环境的具体实施措施不够清晰,相关部门在执行层面差异大;民营企业面临的"卷帘门""玻璃门""旋转门"现象依然存在。这其中固然有企业自身能力不足的原因,更为重要的是营商环境,作为推动民营企业发展的原动力,其建设和完善在很大程度上依靠政府的协同助力,在此种情境下,营商环境成为焦点。

良好的营商环境给民营企业的发展打下坚实基础,也为其转型提供契机。"营商环境"于2014年3月写入政府工作报告,当时,营商环境的关注点主要在于外商投资,而随着经济的发展,营造营商环境的范围大幅度扩展,2019年12月《中共中央国务院关于营造更好发展环境支持民营企业改革发展的意见》指出要"坚持公平竞争,对各类市场主体一视同仁,营造公平竞争的市场环境、政策环境、法治环境,确保权利平等、机会平等、规则平等;遵循市场规律,处理好政府与市场的关系,强化竞争政策的基础性地位,注重采用市场化手段,通过市场竞争实现企业优胜劣汰和资源优化配置,促进市场秩序规范;支持改革创新,鼓励和引导民营企业加快转型升级,深化供给侧结构性改革,不断提升技术创新能力和核心竞争力;加强法治保障,依法保护民营企业和企业家的合法权益,推动民营企业筑牢守法合规经营底线"。由此,营商环境的市场化、法治化、国际化已经成为企业持续发展的引领之策和完善市场经济体制的必经之路。

1.1.2 营商环境依靠"放管服"的深化

中国经济的高质量发展需要企业的繁荣,企业的繁荣又离不开营商环境的优化。这时"放管服"改革就如同及时雨一般出现,为企业创造良好的发展环境。

"放管服"改革是随着时代的变化而变化的,从过去事项审批为主到现在以监管服务为主透露出管理理念和管理方式的转变。目前,我国经济已由高速增长阶段转向高质量发展阶段,正处在优化经济结构、转换增长动力的攻关期,这就需要全面贯彻新发展理念,建设现代化经济体系,不断增强我国经济创新力和竞争力。围绕市场在资源配置中的决定性作用,适应加快培育新动能的需要,解决企业发展面临的重点问题,推进"放管服"改革深入进行。在"放管服"改革的持续推进下,市场各主体从事经营活动的信心增加,阻碍生产要素合理配置的障碍消除,市场活力被激发,新产业在壮大。简政放权、放管结合、优化服务三者协同推进我国经济的平稳发展,成了政府与市场厘清边界、处理关系的关键所在(王瑶,2020)。

近年来,国家推出了一揽子惠民助企政策,提出了一系列扩内需市场举措,为广大民营企业送来了"及时雨",极大地激发了民营企业家们干事创业的信心和决心。特别是2020年政府工作报告提出"优化民营经济发展环境;保障民营企业平等获取生产要素和政策支持;限期清偿政府机构拖欠民营和中小企业款项;构建亲清政商关系,促进非公有制经济健康发展"。2022年政府工作报告提出"落实支持民营经济发展的政策措施,鼓励引导民营企业改革创新,构建亲清政商关系"。这表明国家下硬功夫在努力打造软环境,缩减市场准入负面清单,最大限度减少对资源的直接配置,为民营企业发展营造更加良好的发展环境。

从国内发展形势看,市场化的营商环境激活了广大民营企业的活力,在不改变民营企业自身体制机制的前提下,推动民营企业发挥自身优势,为企业科技创新增添动力,令国内经济呈现新态势。为贯彻落实以市场化手段解决民营企业发展难题为主的精神,促进经济高质量发展,国内采取有力措施,减少审批事项,加大力度减税降费,增强民营企业融资可获得性;同时降低企业市场准入门槛,积极补短板促升级,从而建立长效机制,切实维护民营企业的权益。特别是"互联网+政务服务"的推广,优化提升了营商环境,激发了民营企业的市场活力和创造力,对于推动高质量发展、促进治理体系和治理能力现代化具有重要意义。

从国际发展形势看,良好的营商环境能有效促进民营企业招商引资,增强企业的国际竞争力。通常,招商引资极大地影响着民营企业国际化发展,而"放管服"改革在时间和空间上优化政务审批程序和办理流程,从而为民营企业更快更好招商引资提供"绿色通道"。除了营商"硬环境"的建设,在营商"软环境"方面,国家更新民营企业服务观念,坚持民营企业优化模式,专门选派民营企业联络人,这种"软硬兼施,双管齐下"的举措,能助力经济高质量发展,打造更具竞争力、更优质的营商环境。

1.1.3 利企的营商环境能促进企业积极履责

从整体来讲,我国民营企业履行社会责任的意识普遍不强,在民众中的信誉度普遍较低,拉低了中国市场环境的整体信用评级,也影响着我国企业的国际竞争力(宫秀芬,2022)。民营企业是社会财富的主要创造者,也是推动经济社会发展的重要力量,但对于民营企业而言,在创造财富的同时也应饮水思源、不忘初心,积极承担社会责任,这是实现其社会性、契约性以及道德性的需要。而民营企业能否承担社会责任与企业的发展息息相关,企业发展又与营商环境相辅相成。研究表明,企业履行社会责任与企业可持续发展密切相关,企业积极承担社会责任,可能在短期内会降低企业利润(李雨航,2016),但长期看对于积累企业的声誉资本、提升企业信誉度以及提高企业的社会价值具有一定的意义。因此,优化营商环境,使广大民营企业积极承担社会责任,不断提高民营企业承担责任的意识,具有重要的现实意义。

利企的营商环境在利于民营企业发展的基础上推进其积极主动履行社会责任,它对企业社会责任的推进表现在两方面:一方面是营商环境为企业发展提供了外在动力,另一方面是为企业履责建立了激励机制。因此,当"放管服"深化促使企业营商环境优化的同时,企业会获得更好的经济发展环境,拉动有利资源、法制规定和国家政策的倾斜,这些利企的营商环境因素为企业的转型升级和制造新的增长点提供了有力支持,这使得民营企业的发展效率大大加快,激发了民营企业履行社会责任的积极性和主动性,有效地促进了民营企业的健康发展。

1.2 研究目的与意义

1.2.1 研究目的

企业社会责任的履行不仅是其对社会应承担的责任,同时有助于提升企业的社会公信力和公众形象。越来越多的企业意识到通过及时公布社会责任信息能向投资者传递更多的有利信息,因此企业对外披露企业社会责任报告的行为也在逐年增加。利企的营商环境更加推动了企业社会责任工作的开展。

基于此,本书构建了营商环境与企业社会责任的关系模型,从理论上探究营商环境五大要素:市场环境、政策政务环境、金融服务环境、法治环境、创新环境对民营企业社会责任的作用机理;通过实证研究来分析和检验这些关键因素对民营企业社会责任履行状况的影响,然后根据分析评价的结果提出优化营商环境的民营企业社会责任推进机制的实现路径。

1.2.2 研究意义

本书通过构建一套以"放管服"为核心的营商环境评价指标体系,从理论上探究营商环境的五大要素对民营企业社会责任的作用机理并进行实证分析,该研究不仅有利于丰富和拓展企业社会责任的理论研究范围,而且有利于为企业推进社会责任履行工作提供有效指导,具有较强的理论意义和现实意义。

(1)拓展完善了"系统"定义。

本书从社会、政府和企业的角度对企业社会责任推进过程中的现状和成因进行分析,在此基础上构建民营企业社会责任推进动力机制的分析框架,特别考虑在优化营商环境的背景下,社会、政府与企业形成一种系统,在此系统中外部环境也是一个重要构成。因此,提出营商环境就是系统实践中促进各因素的外在动力,并使外在动力转变为内在动力的主要因素。从而,营商环境对社会责任的推进就是"系统"定义的实践体现。

(2)加快营商环境优化进程。

目前,深化"放管服"改革,优化营商环境已经成为我国全面改革的重点,营商环境的优劣直接影响着民营企业的发展。虽然营商环境的改善效果显著,不过仍有缺陷。在国际竞争日益激烈时,营商环境的短板受到高度重视,政务环境、法治环境、市场环境的不足都会影响企业家投资的信心、创新的热心、做事业的专心以及高质量发展的恒心(田新月,2018)。对此,我国各地多次召开联合座谈会,深入调研,提出改善营商环境对策及建议,努力将优化营商环境推向新高地。

(3)助力推进企业社会责任感。

一国经济发展离不开企业,企业自觉承担并履行社会责任对经济高质量发展起着极大的推动作用,而优化营商环境是一个系统过程,需要市场与企业协同推进。企业作为营商环境的先锋受益者,社会责任是企业应当承担的责任之一。因此,本书认为以优化软环境为核心,构建政府主导、社会力量参与的推进体系,有利于营造"奖优罚劣"的社会氛围,激发民营企业家弘扬企业家精神,担当履责。此外,营商环境的改善给民营企业带来了机遇,能够增强其能力,使其进一步推动企业社会责任感。

(4)稳步提升民营企业获得感。

民营企业占据我国市场主导地位,优化营商环境正是支持民营企业发展的有力措施,切实落实减轻企业税费负担、拓宽民营企业融资途径、加大协调服务力度、构建"亲""清"政商关系等行为,让民营企业企业家更安心、舒心、用心地投资发展惠民生,使其成长落到实处,同时提高民营企业的获得感,进一步自觉履行社会责任。

1.3　国内外研究综述

1.3.1　国外研究综述

1.3.1.1　企业社会责任研究综述

(1)企业社会责任研究起源及发展。

企业社会责任(corporate social responsibility,CSR)的雏形可追溯到英国18世纪中后期,在亚当·斯密(Adam Smith)经典理论"看不见的手"中,亚当·斯密第一次提到企业若以合适的价格向消费者提供资源,企业就尽到了自己的社会责任。该最初观点为以后社会各界企业社会责任的概念研究奠定了基础,带动了理论与实践的发展。20世纪初,英国学者谢尔顿(Shelton)在其著作《管理哲学》中首次对企业社会责任雏形进行了界定,经历半个世纪的概念研究后,70年代则更为关注其具体内涵,八九十年代则与企业利益相关者理论相关联,进一步深入探索不同视角下的概念论述。直至今日,企业社会责任从理论方面转向实践方面,相关研究仍待探索。至此,西方企业社会责任研究形成一条清晰脉络:企业社会责任具体概念→深入内涵→理论结合→实践运用。具体发展脉络及代表学者的观点见表1.1。

表1.1　不同阶段国外代表性学者对企业社会责任的观点

阶段	学者	观点
具体概念	博文 (Bowen,1953)	社会责任表明商人在制定与企业相关的各种政策、规则、条例时,有必要认真思考社会的最终目标和相应的价值观
	戴维斯 (Davis,1967)	企业社会责任与整个社会相互关联,强调企业行为对整个行业以及社会的影响,而不能片面地考虑经营者的个人行为
深入内涵	卡罗尔 (Carroll,1991)	企业社会责任是社会成员期望企业能够遵守法律制度,树立伦理道德,并且做公益慈善等。因此,企业履责意味着企业在不同方面积极履行自己的义务,这些方面包括企业的经济责任、法律责任、伦理责任和企业自主决定履行的责任
理论结合	弗里曼 (Freeman,1983)	在《战略管理:利益相关者管理的分析方法》一书中,第一次将利益相关者与社会责任相联系
	克拉克森 (Clarkson,1995)	利益相关者在企业中投入人力、物力和财力,并承担某种风险,此风险可称为企业应承担的社会责任
实践运用	达尔斯路德 (Dahlsrud,2008)	发现更多的研究者从股东、社会、经济、慈善和环境这五方面来描述企业社会责任,但若要更好地定义企业社会责任,需要考虑企业所处的政治、经济、文化、企业经营策略等

续表

阶段	学者	观点
实践运用	杰克逊与阿波斯托拉库（Jackson et al., 2010）	不同的制度背景会影响企业履行社会责任，所以不同的政策制定者与利益相关群体对企业社会责任的定义也是不一样的，这在一定程度上解释了企业社会责任定义的多样性
	哈斯基-莱文萨（Haski-Leventhal, 2017）	企业社会责任是组织对社会责任认同和社会责任行为的结合，旨在促进某些社会利益

（2）不同视角下企业社会责任的研究。

①基于利益相关者理论的研究。自19世纪末出现企业社会责任概念的雏形以来，国外学者专家在20世纪初就展开了利益相关者理论与企业社会责任的研究。特别是20世纪中期对于两者的研究进入一个深入发展的阶段，取得了明显的成果。

斯坦福大学研究所（Stanford Institute, 1963）第一次提出"利益相关者"（stakeholder）的概念，之后，广大学术界掀起了一股讨论的热潮。经过埃里克（Eric）、瑞安曼（Rhenman）、安瑟夫（Anseff）、弗里曼（Freeman）、布莱尔（Blair）等学者对于利益相关者的研究，使该理论形成了一个完整的框架，为之后的理论研究奠定了基础。按照时间维度，埃里克、瑞安曼与安瑟夫紧随于该概念的研究，并产生了两个分支。学者弗里曼于1984年对利益相关者理论提出过一个比较全面的定义：利益相关者是给企业提供各类资源的主体，他们依靠政府实现目标，而本质上企业依靠他们生存（张亮，2011）。而"策略管理之父"安瑟夫是最早正式使用利益相关者一词的学者，他认为如果要实现企业的经营目标，必须调和各个企业相关者，如工人股东以及政府的利益索取权。

在该研究框架之下，利益相关者逐步与企业社会责任共同出现。两者第一次共同出现是在阿奇·B.卡罗尔（Carroll, 1979）的观点中，在经过20余年的研究之后，卡罗尔首先对企业社会责任进行了概括，认为企业对社会责任的承担并不是单方面的，而是来自多个方面，并将此概括为企业需对相应的利益相关者承担四种社会责任。在此之后,卡罗尔于1991年正式提出了企业社会责任金字塔(pyramid of corporate social responsibility),在此模型中,他认为企业需要承担一定的社会责任,服务对象为其利益相关者,并将对不同利益相关者需履行的企业社会责任分为四个方面:经济责任、法律责任、伦理责任和自觉责任。世界经济论坛也在19世纪70年代提出"企业公民"(Corporate Citizenship)的概念,指出企业作为一个社会人,也应同公民一样履行自己的责任,这个概念的其中一个方面是指要对利益相关者群体负责,又一次将企业社会责任与利益相关者一同提出。弗里曼和埃文弱化了股东在企业社会责任承担中的主体地位,并将员工纳入利益相关者的主体范围(王亮,2011)。唐纳森和普雷斯顿(Donaldson et al.,1995)表示企业无论经营状况如何,都应该承担属于企业自身的道德责任。可见,利益相关者与企业社会责任二者的结合越来越深入化和紧密化。

在全球化、国际化观念盛行的21世纪,企业社会责任的研究从英美等发达国家扩展到全世界,学术界为企业社会责任的定义及范围提出了不同见解和定位,将企业社会责任研究点侧重于实践范围,同时利益相关者理论仍是影响企业社会责任的基础性因素。企业社会责任对于不同利益相关主体的风险性研究成为热门话题,巴塔查里亚等(Bhattacharya et al.,2009)指出随着企业承担社会责任自觉性的提高,削弱了对企业利益参与者的风险,提高了其投资自信心。布斯拉和克雷扎诺夫斯基等(Bouslah et al.,2016)以世界经济危机为分界线,对比指出企业社会责任的履行对利益相关者利益具有正相关的关系,进一步佐证了在利益相关者理论下对企业社会责任的研究具有其必要性。

②基于可持续发展理论的研究。可持续发展的研究晚于企业社会责任,谢尔顿(Oliver Sheldon)早在1924年就已经提出了"企业社会责任"的概念,而"可持续发展"(sustainable development)的概念学者们一般认为源于1980年的《世界自然资源保护大纲》。但两者的意义同等重要,可持续发展起源于西方,但随着可持续发展理论的深入推行,把可持续发展纳入企业社会责任范畴已经成为共识。

莱斯特·R.布朗(Brown,1981)在《建设一个可持续发展的社会》中提出,控制人口增长、保护环境、开发可再生性能源能够实现可持续发展。1987年,世界环境与发展委员会将可持续发展定义为"既能够满足当代人的需要,又不损害后代人满足其需要的能力"。其实已经有很多学者对企业社会责任与可持续发展之间的关系进行了研究。埃尔金顿(Elkington,1997)在著作《用叉的加勒比人:21世纪企业的三重底线》中指出,任何企业都应该达到经济、社会、环境这三重底线,其深层目的就是谋求企业可持续发展,实现可持续发展的前提就是实现这三方面的平衡发展。林南嫩(Linnannen,2002)提出企业可持续发展的三方面(企业的三重底线)可转为企业履行社会责任的方式,即回答企业应该承担什么社会责任的问题。斯瑞里和拉莫特(Sirsly et al.,2008)指出企业社会责任有利于提高利益相关者及相关议题管理能力,且战略性社会责任能够帮助企业增强竞争能力。雷德利、斯利瓦和松博瑟伊(Ridley et al.,2011)认为,企业应该建立一个企业社会责任评价体系,而企业可持续发展业绩衡量体系(SPMS)是其中的指标之一。卡拉斯特和布恩迪亚(Carrasco et al.,2013)认为企业自觉履行社会责任可以更新企业生产流程、促进新型产品出现,提高企业利润,进而推动可持续发展。从这些国外学者研究的不断变化中,可以看到早期的企业社会责任已经和可持续发展相联系,种种现象都表明,可持续发展理论在企业为什么承担社会责任以及承担什么样的社会责任方面都作出了回答,这些研究将可持续发展理论与企业社会责任融合在一起进行更加深入的研究。

随着经济的不断发展,企业社会责任也成为热门话题,对企业社会责任的研究也走向多元化,对于可持续发展理论与企业社会责任的关系,主要有以下三种:一是企业社会责任的内生性。为了企业的长远发展考虑,可以放弃一部分的利润,此时的企业社会责任是一种投资以及企业可持续发展的客观需要。纳尔弗(Narver,1971)认为,企业追求的一直是企业市场价值现值最大化,企业承担社会责任虽然减少当前收益,但社会的发展需要企业承担社会责任,企业自觉履行社会责任在市场上有助于提高预期收益及降低投资风险,以获得长期的利润最大化,从而实现可持续发展;二是企业社会责任的倒逼性。经济的可持续发展和企业的可持续发展都依靠企业履行社会责任。企业通过企业公民的核心业务为社会提供价值时,也展现其应当承担的社会责任。

(3)企业社会责任的影响因素。

国外学者一直在对企业社会责任进行研究,从最初确定企业社会责任的概念到企业是否应该履行社会责任,再到企业应当承担什么社会责任,等等。但企业社会责任在具体实践中仍然存在很多问题,为了推动企业社会责任的实现,就迫切要求了解影响企业社会责任的因素。基于此,不同研究者从不同切入点对企业社会责任的影响因素进行研究,主要归结为以下两个方面:

一是内部因素,不仅包括企业领导者的社会责任意识,还包括企业规模。德鲁克(1973)在《管理:任务、责任、实践》中指出,任何组织,包含企业在内,都不单是注重自身发展,更是为了社会存在。而作为企业的领导者,对企业的战略制定及实施都有或多或少的影响,这就要求企业领导者有清晰的社会责任定位并表现在企业的实际运作中。有学者认为,大企业比小企业拥有更多的资源,应对风险的处理能力也更强,社会责任表现也更好(Johnson et al.,1999;Donaldson,2001);大企业比小企业受到的社会关注度更多,从而社会压力更大,社会责任表现也更好(Lepoutre et al.,2006);众多学者从企业的规模、企业绩效等因素进行了大量研究(Jo et al.,2012)。

二是外部因素,主要包括制度及文化环境。卡罗尔(Carroll,1991)提出企业社会责任金字塔模型,并发现随着时期的变化,对四种责任的重视度会发生偏差,企业早期较重视经济责任,然后是法律责任,再是伦理和自愿责任,但现在更注重伦理责任与慈善责任。康佩尔(Compelll,2007)提出了企业社会责任的制度理论,指出强制性的规定能够确保企业履行社会责任。麦腾(Matten et al.,2008)指出外部性制度压力对企业社会责任有影响,而企业性质是其中的影响因素之一。肯珀(Kemper et al.,2013)在经过跨多个行业和国家的实证研究后发现,在健康的经济环境中,企业更愿意自觉履行社会责任以获得较高的声誉和差异化的竞争优势。

综上所述,国外早已对企业社会责任的影响因素进行了研究,例如企业领导层、企业规模等,虽然也对制度文化等外部因素进行了探索,但这些研究并不全面,也未进行深入探讨,鲜有文献研究营商环境对企业社会责任的影响。因此,本文以前人的研究成果为参考,考察营商环境对企业社会责任的推进作用,在推进企业社会责任实现的同时,进一步优化营商环境。

1.3.1.2 营商环境研究综述

(1)营商环境概念研究。

自20世纪80年代起,营商环境(Doing Business)一词在国际公共领域引起关注。世界竞争论坛所发布的《全球竞争力报告》(*The Global Competitiveness Report*),可以看作营商环境的第一次权威发布。21世纪初,营商环境掀起国外学术界的研究热潮。自2003年世界银行(IFC)开展了旨在对企业经营的环境进行评估的"Doing Business"项目调查后。在经过十余年的研究后,直到2017年发布第15份报告时,已为营商环境增添11个相关指标。

在研究过程中,世界银行将营商环境定义为企业开设经营、缴税纳税方面,遵循法律法规进行相关行为所需要花费的时间与成本。至此,关于营商环境的研究在国外得到进一步发展,如表1.2所示。

表1.2 国外学者及官方组织对营商环境的概念研究

时间	学者或组织	主要内容
2002年	Stern	营商环境是一种当前及预期政策,从而制定的制度以及行为的环境。并将国家环境政府管理及制度设施等方面的问题,作为营商环境影响企业投资与回报的因素
2004年	企业发展捐助委员会 (Donor Committee for Enterprise Development, DCED)	认为营商环境是政策、法律、制度、规则等要素的复杂融合体,是落实政府政策,支配商业运营的重要依托
2005年	Eifert, Gelb	营商环境会影响不同企业和行业经营效率的政策、机构、基础设施、人力资源、地理环境等

时间	学者或组织	主要内容
2008年	Francis Munier	认为营商环境会影响企业与政府以及企业之间的关系以此为联系进行沟通并产生纽带
2014年	Timothy Besley,Neil Meads,Paolo Surico	通过对世界银行营商环境的项目报告,通过指标运行、项目选取、经验价值对该项目进行了全方位的分析,为学术研究与政策制定者提供了一定的参考
2003年至今	EIU	通过每年发布一次的《营商环境排名》,分别设立数十个不同的评价指标和受到82个国家认可的标准,不断地丰富营商环境的内涵

（2）营商环境评价指标体系研究。

营商环境的优劣是评判一国或地区经济软实力的重要指标,决定着一国或地区的市场构建情况及经济发展状况,且营商环境评价对优化营商环境起着积极的推动作用,为优化营商环境指明了发展方向。

国外较早就对营商环境评价进行了研究,代表性学者依西阿·里特法克和彼得·班廷（1968）最早对营商环境评价进行了研究,其在《国际商业安排的概念构架》一文中提到了运用冷热分析法对投资环境予以评价,此评价方法基于政治稳定性、市场机会、法令性障碍、经济成长状况、实质性障碍、文化一元化程度、地理及文化差异等七个因素对投资环境进行评价,并按由"热"到"冷"进行排序。罗伯特·斯托伯（1982）运用"等级尺度法"对营商环境进行相应评价,主要评价指标为:资本外调、外商股权、歧视和管制、货币稳定性、政治稳定性、给予关税保护的意愿、当地资金的可供程度及近五年的通货膨胀率。营商环境的评价指标在不断完善中。世界银行发布的《营商环境报告》是具有较大影响力的营商环境评价指标体系,世界银行（2001）成立营商环境小组对全球营商环境评价指标体系进行构建,为各国完善营商环境评价指标助力。国外一些学者基于对营商环境小组研究结果的质疑,进一步推动构建适合本国发展的营商环境评价指标体系,相关反思见表1.3。

表1.3 国外学者对世界银行提出的评价指标反思

时间	学者	质疑内容
2010	Benito Arrunada	过分强调政府监管对企业产生的负面效应,而忽视了监管在很大程度上可以减少企业的交易成本
2014	Miriam Bruhn, Gabriel Lara Ibarra, David McKenzie	质疑调查对象过于单一,着重有限公司,忽视其他经济实体
2015	Adrian Corcoran、Robert Gillanders	部分指标对社会经济效益不明显,部分国家数据回归不显著及部分DB报告改革会造成消极影响

此外,市场化、法治化、国际化是研究营商环境的三个重要维度,国外学者和组织基于此三维度的营商环境评价指标研究如表1.4所示。

表1.4 市场化、法治化、国际化营商环境评价指标体系研究

大类	小类	研究代表	主要内容
市场化指标体系	经济发展转型过程中的研究	欧洲复兴开发银行	指出企业发展的三大阻碍:非正式部门中的不公平竞争;信贷金融业务的受限;昂贵或难以获得的电力
	区域发展市场化程度测算研究		以抽象的统计量为评价指标,分为百分比形式及系数形式
法治化指标体系	法律制度量化研究	梅里曼	通过横向和纵向内容的比较实现定量比较,从而评价法律制度
	法治运动探索研究	世界正义工程	建立有限的政府、根除腐败、秩序和安全、基本权利、开放政府、强制性执法、获得民事审判途径、有效的刑事司法、非正式司法九项评价指标
国际化指标体系	综合性指标体系	米尔顿·弗里德曼	提出七项世界城市评价指标,包括主要的金融中心、跨国公司总部所在地、国际性机构集中地、第三产业的高度增长等

续表

大类	小类	研究代表	主要内容
国际化 指标体系	单一性指标体系	弗斯托克、 泰勒	考察财务、广告、金融、法律四大产业情况,将国际城市划分为 Alpha、Beta、Gamma 三个等级

1.3.1.3 营商环境对企业社会责任推进机制研究

国外学术界对于社会责任推进机制研究的方向,主要有两种:第一种基于经济学立场,认为企业履行社会责任是一种社会性自利行为的表现。有研究认为企业是基于长期利益而选择承担社会责任(Baron,2003)。企业管理人员极其重视履行社会责任的承担所带来的经济效益。企业经济利益作为企业绩效的一方面,国外学者关于企业绩效对社会责任的推进机制很早就进行了研究。正如学者对比 67 家大型企业经济绩效和社会绩效的关系,从而发现两者具有正相关性(Preston et al.,1997)。还有研究认为当公司满足不同利益相关者利益之后,企业的经营效益会有一定程度的增长。此类观点认为企业利益能够有效地推动社会责任感的建立,而营商环境对企业获得利益的作用是不言而喻的(Bernadette,2003)。第二种是基于制度理论的基础,一派学者偏向于企业履行社会责任是为了"合法性"。有研究通过对美国环保类营商环境政策的研究,得出企业在履行环境责任方面所投入的资金与政府制定的政策和法律有正相关关系(Hoffman,1999)。有研究发现,跨国公司在不同国家的不同营商环境下履行社会责任的表现并不一致,其双重表现与不同国家的法律法规完善程度有关(Tan et al.,2009)。因此,有学者提出企业履行战略性社会责任的目的在于循法而增强企业的法律地位,也就是企业在法治化营商环境下会推进法律责任的履行(Garay et al.,2012)。在《研究企业社会责任的未来》一文中也研究了欧洲制度对履行社会责任的推动(Robert et al.,2018)。这些都是营商环境对企业社会责任推进机制的相关研究。

1.3.2 国内研究综述

1.3.2.1 国内企业社会责任研究综述

(1)企业社会责任起源及发展。

对企业社会责任的研究最早起源于西方学术界,于20世纪50年代兴起之后,80年代在世界范围内的研究逐渐达到顶峰,并传入我国。"企业社会责任"一词首次在《瞭望》杂志中出现(华惠毅,1985)。起初,我国以谢尔顿于1924年提出的概念为蓝本,随着WTO的加入和企业发展的需求,我国学者袁家方(1990)最先对"企业社会责任"进行了明确的定义,认为企业社会责任是在企业维持自身发展的同时,所必须承担的义务。

进入21世纪以来,为了契合我国可持续发展的理念,企业社会责任的范围越来越广。卢代富(2002)指出,企业在实现利益最大化的情况下,要承担包括对职工、消费者、环境及社区的责任。同时,由于企业社会责任与我国和谐发展的理念相契合,我国学者分别从不同的角度对此进行了研究,如表1.5所示。

表1.5 企业社会责任的相关研究

研究角度	学者	相关研究
利益相关者角度	徐淳厚(1987)	商业企业是作为主体社会经济的一部分,应该对社会负有责任,我国的国家性质推动了中国企业应极大地履行这种责任
	刘俊海(2005)	企业在承担经济责任的时候,还应该承担法律、道德和其他方面的社会责任
	宋瑞卿(2001)	当企业的所有者趋向社会化、企业规模走向国际化时,企业也渐渐地成为一种社会企业。企业的目标就变成增加社会福利,而不是为少数人牟利
社会契约论角度	卢代富(2002)	从法学角度认为企业社会责任,就指企业在寻求股东利润最大化之外承担维护和增进社会利益的义务
	陈迅、韩亚琴(2005)	提出社会责任的定义是全面的,可是并不是所有的社会责任都该同时实行,企业社会责任履行是分层次的

研究角度	学者	相关研究
社会契约论角度	黎友焕、叶祥松（2007）	企业已从过去被动地管理劳工冲突和环保的问题转变为主动实施社会责任来提高企业的国际竞争力
企业价值追求角度	李伟阳、肖红军（2011）	基于社会价值本位这种逻辑观点，提出企业社会责任是在不同的制度安排下，企业追求在预期存续期限内最大地增进社会福利的意愿、心理和绩效
企业价值追求角度	张兆国、梁志钢、尹开国（2012）	从企业所承担责任的内容角度探讨社会责任，企业除了承担法律责任外，还要对各利益相关者负责
企业价值追求角度	吴霞（2015）	构建了固定效应面板相应模型，研究了沪深两市的不同企业的社会责任和财务成本绩效之间的关系
企业绩效理论角度	周立军、王美萍、杨静（2017）	基于生命周期理论，研究了96家互联网上市公司财务绩效与社会责任之间的关系

（2）基于可持续发展理论的企业社会责任研究。

可持续发展作为一种国际追求，不能自发实现，最主要的要依靠企业，引导企业自觉履行社会责任，在企业日常经营中贯彻可持续发展理念，随之推动企业实现可持续发展。张彦宁（1990）认为，企业社会责任是企业为了社会长远发展、永久利益必须承担的责任与义务。高尚全（2005）指出，企业社会责任的本身要基于企业自身的发展，能为社会创造多少财富，为公众提供多少就业机会。黎家电（2009）对中信大锰矿业有限责任公司的理念加以实践研究，对其激励作用加以论述，认为企业社会责任的履行、企业自身经营活动都要实现可持续发展。王兴明（2013）从政府、公众及企业三层次推进企业社会责任，把企业社会责任视为企业可持续发展的前提条件。邓宏亮（2016）研究发现，民营企业可持续发展能力增长率与企业社会责任呈较显著的正相关性。由此可看出，可持续发展早已是企业社会责任的一项重要内容，企业社会责任提高企业竞争力和名誉,从而促使企业走可持续发展之路,企业实现可持续发展又对社会可持续发展起着极大的推动作用。可见,可持续发展理论与企业社会责任相辅相成,企业社会责任已经成为企业竞争资源之一,有利于企业的可持续发展,同时推动经济实现可持续发展。

基于可持续发展理论的企业社会责任,主要表现为企业社会责任与可持续发展的相互推进。李西文和田丰(2004)提出企业承担社会责任既体现了企业在社会中存在的价值,也获得了大众认可、社会声誉,使企业保持旺盛生命力的同时,实现可持续发展战略目标。企业承担社会责任是走向可持续发展的重要路径,而企业要想走可持续发展道路,就必须承担相应的社会责任。金乐琴(2004)认为,企业和政府都不能彻底解决市场失灵问题,企业社会责任却在一定程度上弥补了此种缺陷,有助于实现经济与环境双赢,是推进可持续发展的第三种力量。同时企业社会责任与可持续发展理念一致。薛刚(2017)对国有化工企业的社会责任与可持续发展关系进行了研究,结果表明,稳定的社会环境有利于企业长久、健康发展,而构建稳定的社会环境需要企业自觉履行社会责任。王青等(2021)采用案例研究法,对社会责任与可持续发展之间的关系进行了探索,结果发现企业社会责任不仅是企业的自发性行为,也是企业可持续发展的内在需要。郭子钰(2020)认为企业创造股东财富、社会效益,但也带来了资源浪费、环境污染、食品安全这些恶性问题,极大地阻碍了社会可持续发展,从反例入手研究承担社会责任对企业可持续发展的促进作用。

(3)企业社会责任的影响因素。

企业自觉履行社会责任有助于提高企业自身竞争优势及声誉,国内已有一些学者对企业社会责任的影响因素进行了研究,主要内容如下:

一是企业内部因素对企业社会责任的影响。陈智、徐广成(2011)用我国A股市场数据构建企业社会责任贡献指数,表明公司治理因素极大地影响着企业社会责任的履行。林丽阳、李桦(2013)对新能源类的上市公司影响企业社会责任的因素进行实证分析,发现财务绩效、股权结构及内部管理对企业社会责任的履行都有影响。梁斌、瞿晓龙(2013)指出,企业规模、盈利情况、股权分布、销售收入、业绩分析、负债水平都影响着企业社会责任,同时,企业规模扩大能够加速企业社会责任的履行。欧理平等(2019)着重研究了技术创新与企业社会责任之间的联系,发现当期技术创新能够促进当期社会责任履行。

二是企业外部因素对企业社会责任的影响。黄玫、朱彬(2004)认为,应该用机制来保障民营企业履行社会责任,政府严格执行、监管落实。此外,还要引导民营企业建设先进企业文化,把污染、生态等外部问题转为企业内部成本。邓泽宏、何应龙(2010)表明,政府的规制、促进、合作和支持都能够促进我国企业社会责任的建设。高勇强等(2011)考察了经济环境对企业社会责任的影响,得出国内外环境的剧烈变化使得企业开始重视企业社会责任的结论。但我国企业社会责任仍处于起步阶段,重在强调经济责任及政府导向。阚京华、孙丰云、刘婷婷(2011)认为,企业社会责任的法律制度环境、资本市场监管环境、社会舆论环境、企业文化环境都对民营企业社会责任的履行有一定的影响。周中胜等(2012)研究了制度环境中的政府干预度、法律环境完善度和要素市场发育程度对企业社会责任的影响,结果表明政府干预程度越低、法律环境越完善、要素市场发育越发达的地方,企业社会责任的履行状况越好。李琨(2013)从共赢发展的角度考察了中小企业的社会责任履行情况,认为中小企业结成联盟,在增强履行责任的能力同时增强了企业竞争力。阮丽等(2016)从竞争强度和制度压力的维度研究了外部因素对小企业社会责任履行情况的影响。谭雪(2017)从信号传递理论角度对行业竞争的影响度进行了研究,认为行业竞争越激烈,企业更可能披露社会责任信息。

总之,国内学者对企业社会责任的影响因素进行了广泛的研究,无论是内部因素还是外部因素,都进行了细化分析,但也可由此发现,国内对营商环境这个影响因素尚未大范围研究,营商环境对企业社会责任的影响机制尚不完善。本书基于已有的文献,分析营商软环境对于企业社会责任履行的作用机理,促使营商环境与企业社会责任共同推进。

1.3.2.2 国内营商环境研究综述

（1）营商环境概念研究。

国内营商环境的研究兴起于20世纪90年代中期，在外资大量涌入的时期，"营商环境"一词顺势成为国内研究的热点和焦点。我国学者是从影响外商直接投资的区位因素逐步转至对于营商环境的概念进行研究。鲁明泓、唐勇（1995）第一次将影响投资的因素分为经济因素和政治因素。21世纪初，随着中国经济区域的发展使得营商环境的研究更为全面，而不仅仅局限于外商直接投资。经过十余年研究之后，广东省首先于2012年对"营商环境"进行系统化、理论化的实践研究。然而由于学术界对营商环境的概念尚未形成一致的定义，目前的概念往往是从不同角度进行研究的，如表1.6所示。

表1.6 国内学者对营商环境的概念

时间	学者	标志性概念
2003年	吴建安	指出一个国家的营商环境就是该国的综合协调系统，将营商环境分为经济、制度、基础设施以及自然四方面的因素
2013年	魏下海、董志强、刘愿	运用数据分析模型得出营商环境与经济发展呈正相关态势，并将营商环境的影响分为不同的因素，同时证明了政府的多方面因素对营商环境具有极其重要的影响
2017年	魏淑艳、孙峰	通过总结和分析国外对于营商环境的概念，重新提出了营商环境的定义，指出营商环境包括政策、法律法规及社会文化等方面。认为各因素在相互影响的情况下，使营商环境成为一个有机的动态整体
2019年	宋林霖、何成祥	一定时期内某一经济体政府为改善国内经济以及拉动对外贸易，通过政治、经济、法治及对外开放等多领域的系统改革，所营造的影响投资主体从事商业活动的政治环境、经济环境、法治环境及国际化环境等各种环境的有机复合体

（2）营商环境评价指标体系研究。

学者们和研究机构较多地关注在营商环境的评价指标体系方面的研究。

世界银行从2003年起开始发布《全球营商环境报告》,对全球100多个经济体的营商环境进行排序,对各国吸引投资乃至于经济社会发展,均产生了极其广泛的影响。报告评价指标包括"开办企业、办理施工许可、获得电力、产权登记、获得信贷、保护少数投资者、纳税、跨境贸易、合同执行、破产办理、劳动力市场监管"等11个一级指标和43项二级指标。世界经济论坛每年发布《全球竞争力报告》,被认为是最早构建的面向全球经济体的营商环境评估体系,包含"制度、基础设施、宏观经济环境、健康保障与基础教育、高等教育与职业培训、商品市场效率、劳动力市场效率、金融市场成熟度、技术就绪指数、市场规模、商业成熟度及创新能力"等指标。经济学人智库(EIU)的《营商环境排名》报告包括了政治环境、宏观经济环境、市场机会、政府对自由市场及外国投资的政策、外贸和外汇管制、税收、融资、劳动力市场和基础设施等十大要素。

我国学者也结合国情建立了评价指标体系。王小鲁(2010)提出从"政策公开公平公正、行政干预和政府廉洁效率、企业经营的法治环境、企业税费负担、金融服务和融资成本、人力资源供应、基础设施条件及市场环境与中介服务条件"等8个方面衡量企业经营环境。宫旭红、任颋(2017)将企业经营环境分为必要性要素和支持性要素。其中,必要性要素包括基础设施条件、人力资源供应、金融服务;支持性要素包括政府行政管理、企业经营的法治环境、创新与文化环境和社会环境。

有的学者将营商环境概括为市场和基础设施等硬环境及政府的政策、服务和司法、行政、税收体系等软环境(倪鹏飞,2008)。近年来,软环境改善的重要性逐渐为一些学者关注。世界银行在2004年报告中指出政府由于在产权保护、市场监管、税赋征收、基础设施提供、金融市场和劳动力市场运行、政府管理(如腐败治理)等方面可以产生举足轻重的影响,因而在塑造营商软环境中发挥着非常关键的作用。董志强、魏下海(2012)指出国内各个地区存在着投资制度和政策"软环境"的差异。良好的城市营商软环境对城市经济发展有显著的促进作用,具体见表1.7。

表1.7 有关营商环境评价指标的研究

时间	学者	提出视角	内容
2002年	洪茜	中小企业	涉及法律、资金融通、技术支持、人才开发、市场拓展等一体的服务体系评价
2004年	蒋天虹	中小企业融资难	建立完善的法律体系、到位的中小企业服务体系和多层次的资本市场体系
2008年	余文建、邓蒂妮	台湾地区辅助性金融机构	我国财政和金融机构出资为中小企业贷款提供信用担保
2010年	刘志荣	考察广东、安徽、四川三省中小企业的营商环境	比较法制、社会、信用、基础设施、生产性服务、市场、资金等七类指标的营商环境，发现满意度最低的是市场环境和资金环境
2013年	史长宽、梁会君	我国30个省级横截面数据	分析各省营商环境细分指标与进口关系
2014年	许可、王瑛	从企业层面调研中国营商环境	调研影响企业发展的15个指标，表明金融准入困难、人力资源教育落后、非正规部门竞争及税负压力大等是企业营商环境的难题
2017年	李一辉	以电商环境下的物流业为研究对象	以第三方物流企业为核心的优劣解距离法模型评价电商环境下的物流业营商环境

从表1.7中可以看出，国内虽然已开始构建营商环境评价指标体系，但大都过于局限，且只倾向于某一方面，还未产生一套完整的评价指标体系。而我国最早系统地对营商环境进行研究且构建相对完善的营商环境评价指标的是广东省，其以城市为主要考察对象，考虑到符合营商环境目标的市场化、法治化、国际化，从而构建了3个一级指标、12项考核目标、48项二级指标为一体的营商环境评价指标体系。相关研究见表1.8。

表1.8 营商环境评价指标体系构建的维度

时间	学者	评价对象	指标体系构建维度
2003年	盛从峰	各省区市投资环境	市场状况、综合成本、支持能力、投资风险
2007年	邓宏兵、李俊杰、李彦军	区域投资环境	区位条件、基础设施条件、经济环境、社会环境
2014年	彭羽、陈争辉	上海自贸区投资贸易便利化程度	市场准入、商贸环境、基础设施、政府效率
2014年	王绍乐、刘中虎	税务营商环境	税收法律监管指数、税收发展效率指数、税负营业成本指数、税收满意度指数
2015年	杨涛	企业营商环境	市场发展环境、政策政务环境、科技创新环境
2018年	魏俊凯、李学峰	私营企业营商环境	融资贷款环境、市场经营环境、社会服务环境、法治环境、政策政务环境
2019年	彭亮、李黎	政务营商环境	需求识别、服务职能、服务能力、服务效能
2020年	张三保、康璧成等	区域营商环境	市场环境、政务环境、法律政策、人文环境

由以上分析可知,营商环境评价指标体系的研究逐步由单个营商环境到整体营商环境转变,评价对象也日趋全面,评价范围亦日益广泛。

近年来,我国一直在打造具有中国特色的营商环境评价指标体系,从企业全生命周期、城市投资吸引力及城市高质量发展三个维度全面、科学地评价营商环境。企业全生命周期包括企业从开办到注销所有可能需要的服务在内的一体化流程;城市投资吸引力是立足当下国情提出的指标之一;城市高质量发展则符合现阶段的需求,适合中国特色。其具体评价指标体系见表1.9。

表 1.9 营商环境试评价指标体系

维度	一级指标	二级指标
企业全生命周期	市场开放度	市场准入开放度;市场竞争开放度
	企业信心	中小企业投资意愿;新登记注册企业数
	开办企业	企业开办程序、时间、成本
	办理施工许可	施工许可程序、时间、成本;建筑质量控制指数
	获得电力	用电报装程序、时间、成本;办理流程透明度;用电供应可靠性;企业用电支出
	获得用水	用水报装程序、时间、成本;办理流程透明度;企业用水支出
	获得用气	用气报装程序、时间、成本;办理流程透明度;企业用气支出
	获得网络	网络报装程序、时间、成本;办理流程透明度;4G 覆盖率;企业用网支出
	注册商标	商标注册程序、时间;商标使用监管度
	申请专利	专利申请程序、时间;专利使用监管度;专利代理机构规范水平
	获得信贷	合法权利力度指数;信用信息深度指数;信贷服务质量;中小微企业申贷获得率;直接融资便利度;中小微企业贷款平均利率
	登记财产	财产登记程序、时间、成本、土地管理质量指数
	缴纳税费	纳税次数、时间;总税率和社会缴纳费率、报税后程序指数、税收执法规范水平、税外负担
	执行合同	解决商业纠纷的时间、成本;司法程序质量指数
	办理破产	回收率;破产框架强度指数
	注销企业	注销程序、时间、成本
城市投资吸引力	跨境贸易	出(进)口报关单审查时间、成本;出(进)口通关时间、成本
	政府采购	在线访问信息和服务公开度;投标担保活动严肃性;履行合同义务后获得付款时间;中小企业参与度;投诉机制公平度

维度	一级指标	二级指标
城市投资吸引力	信用环境	守信激励和失信治理;信用制度和基础建设;诚信文化和诚信建设;信用服务和创新
	保护中小投资者	披露程度指数;董事责任程度指数;股东诉讼便利度指数;股东权益程度指数;所有权和控制程度指数;公司透明度指数
城市高质量发展	交通服务	公共交通便捷度;交通优势度;物流成本
	劳动力市场监管	就业监管灵活性;工作质量控制制度;万人新增就业数;劳动力成本
	社会服务	每十万人拥有的高质量教育资源、医疗资源及市场中介数;住房成本;写字楼租金

1.3.2.3 营商环境对企业社会责任推进的研究综述

营商环境问题是近年来社会关注的话题,对此我国提出不断深化"放管服"改革,持续优化营商环境,而营商环境的建设为企业高质量发展打下了坚实的基础,企业自身得以发展又为企业社会责任履行机制提供动力。尽管我国对于企业社会责任的研究较晚,但也有许多学者对企业社会责任的推进机制进行了相关的研究,关于营商环境对企业社会责任的推进,学者们也从不同角度对企业社会责任影响机制进行了研究。

季宏(2008)提出建立推动企业社会责任承担的三动力机制(技术、制度、文化),而营商环境着力优化的目标之一就是解决一切可能影响企业发展的因素。许和连、王海成(2018)把工业数据库与中国海关进出口数据库匹配,发现优化营商环境增强公共资源配置合理度,降低企业不必要的交易成本,提高企业绩效。汪辉平、王增涛(2018)指出企业家创新、创业精神有利于推动经济高质量发展。刘桃等(2019)对制造业的相关数据进行了回归分析,发现企业的环境可持续发展观能有效地助力企业树立良好形象,推动企业社会责任的履行。弓顺芳(2019)从权利与责任、服务与监管、国内与国际接轨、互联网与政务方面整合研究,发现营商环境质量直接影响着企业投资活动的成败、市场主体的经营绩效及国家的经济发展。陈太义、王燕、赵晓松(2020)利用企业综合调查数据,实证分析了营商环境对企业发展的影响作用,得出优化营商环境对于企业高质量发展具有显著的促进效应的结论。李娟、马丽莎(2020)表示,企业家是推动经济高质量发展的主力军,而企业家精神则是其动力源泉,良好的营商环境能够培育企业家精神,使之发挥更大效用。营商环境水平直接影响着企业的方方面面,营商环境好,可以降低企业税负,增加融资渠道,降低企业风险度,企业能全力成长、迅速发展。

1.3.3 研究述评

学者们对于企业社会责任影响因素、营商环境的评价指标体系及民营企业履责推进机制都有较为深入的研究,但也存在着一些不足,主要表现为:

一是关于企业社会责任的研究,国内外学者基于利益相关者、可持续发展理论视角进行了广泛研究,且成果非常丰富,为后文研究民营企业社会责任的推进机制奠定了相关理论基础。然而国内外学者对于企业社会责任的研究并不全面,且大多数的研究都停留在利益相关者层面,鲜有与营商环境相结合的研究。

二是关于营商环境的研究,以往的营商环境评价体系大多体系庞大、指标繁多、评价工作难度大;多数评价较为宏观,且为事后结果评价,缺乏实施过程评价。然而,由于营商环境评价指标体系的系统评价框架尚未构成,多数研究仍停留在单一层面,存在一定的局限性;也有一些学者将企业社会责任纳入营商环境优化内容,却少有营商环境对企业社会责任影响的专门研究,对两者内部的作用机理研究也十分匮乏。

三是关于营商环境对企业社会责任推进机制的研究较少,对政府作用、营商环境影响机理的系统性研究不足,未能形成合理完善的推进机制。特别是鲜有文献将营商环境优化与"放管服"改革有机结合,把营商软环境建设作为评价重点。此外,尽管有些学者提到了优化营商环境对企业乃至企业绩效产生重要影响,但都过于单一,只分析出营商环境对于部分企业社会责任的推进作用,鲜有专门就营商环境对民营企业社会责任的推进机制的研究。

总之,本书以利益相关者理论、可持续发展理论、营商环境以及企业社会责任相关理论为基础,在调研民营企业发展现状的基础上,分析当前"放管服"改革成效、存在问题以及影响作用,构建民营企业社会责任推进机制的分析框架,采用严谨的统计方法,以优化营商环境为切入点,对民营企业社会责任推进机制的实现路径进行研究,在此研究基础上,建立政府为主导、行业协会、社会力量参与的民营企业履责的推进机制,从而激励民营企业积极履责、实现高质量发展。

1.4 研究内容及思路

1.4.1 研究内容

本书主要分为理论研究和实证分析两大部分。首先基于利益相关者理论、可持续发展理论、协同治理理论等相关理论,分析现行营商环境对企业社会责任推进的作用机理,通过构建理论框架,进行实证模型分析与检验,在此基础上,通过案例验证反馈,最后提出具体的对策建议。具体章节内容如下。

第1章绪论。首先提出本书的研究背景及研究意义,然后对国内外相关研究进行归纳梳理,进而厘清本文的研究内容及思路,最后确定研究方法。

第2章概念界定及相关理论。本书首先对营商环境、企业社会责任、企业社会责任推进机制等概念进行界定;其次对利益相关者理论、协同治理理论、资源依赖理论、制度变迁理论及可持续发展理论进行归纳分析,从而为营商环境对民营企业社会责任的推进机制研究提供理论支持。

第3章营商环境与企业履行社会责任的现状及分析。本书首先对企业社会责任履行现状进行深入探究,进而从不同视角分析企业社会责任的推行机制;再对营商环境进行研究与分析,发现问题,为后文营商环境对企业社会责任的推进实现路径提供建议。

第4章理论框架与研究假设。在前文已有的理论基础上,构建营商环境对企业社会责任履责的作用机理框架,全面分析框架内各因素相互作用关系,并提出本书的研究假设。

第5章实证分析。首先进行样本选择以及数据采集;其次进行变量选择,区别解释变量、被解释变量及控制变量;然后对样本及数据进行实证分析,得出检验结果并进行描述性、相关性统计分析;在此基础上进行回归结果分析,并进行稳健性检验,以确保分析的准确性。

第6章个案研究。基于营商环境的山西省民营企业社会责任推进机制的现状及成因分析。本书以山西省为例,对民营企业社会责任履行现状、营商环境现状进行研究分析,进一步发现问题及成因,并为研究提供现实依据。

第7章基于优化营商环境的企业社会责任推进机制的实现路径。总结前文研究出现的所有可能阻碍推进机制实现的因素并加以补充,主要从企业社会责任推进的外部制度环境、政府政策执行效能、科技创新、人才供给、融资模式等方面探索优化营商环境,从而实现企业的履责。

第8章结论与研究展望。本章对全书研究进行了总结,并且指出目前研究的不足之处,以及对未来的研究方向进行了展望。

1.4.2　研究思路

本书的分析基于如图1.1所示的技术路线。

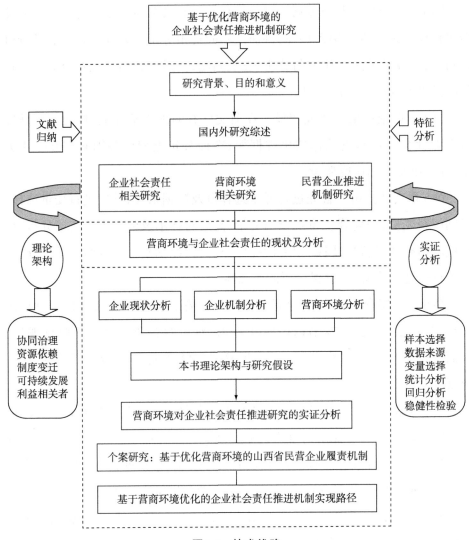

图 1.1　技术线路

1.5　研究方法

为确保民营企业社会责任推进机制研究工作开展的有效性,本书综合运用了文献阅读法、实地调研法、规范研究法、实证分析法、个案研究法等研究方法。

(1)文献阅读法与实地调研相结合。

利用学校图书馆数据库及网络资源库,大量搜集国内外营商环境与企业社会责任相关的文献和专家学者的最新研究成果,及时了解本研究领域的发展状态和前沿资料。与此同时,对山西省民营企业营商环境和社会责任进行实地调研,走访并听取相关人员及专家学者的意见和建议,为本书的研究提供了一定的理论与实践基础。

(2)规范研究与案例研究相结合。

本书以翔实的专业理论为基础,辅以具体的案例佐证。在理论方面,利益相关者理论、协同治理理论、资源依赖理论与制度变迁理论相结合,以利益相关者串联逻辑,以协同治理与资源依赖为主线,以制度变迁为结构,这些理论互相结合为分析营商环境对企业社会责任的推进机制奠定了理论基础。在此基础上,通过个案研究分析山西省内营商环境对民营企业的作用机制,具有一定的现实指向性。

(3)定性分析与定量分析相结合。

本书的研究从理论层次定性解释了营商环境及企业社会责任的逻辑关系,在此基础上,构建了营商环境下民营企业履责的评价指标,在理论与数据两个层面分析了两个变量之间的相关性,并借助统计软件进行回归分析,并进行检验,进而为提出符合中国国情的民营企业社会责任的实现路径提供了理论依据。

1.6 创新之处

目前,国内外对营商环境与企业社会责任都有一定的研究,在此基础上,进一步深化两个领域的研究并将两者关联,弥补了一部分空白,本书创新之处有以下三点:

首先,在研究对象上,本书在我国当前的时代背景下,以"营商环境"和"企业社会责任"为研究对象,通过实证分析以"放管服"为中心的营商环境,对民营企业社会责任的推进机制提出了切实性的实现路径。

其次,在研究视角上,国内外学者对营商环境及社会责任研究,集中在二者单方面的研究,鲜有从营商环境对企业社会责任推进机制的研究。基于此,本书以营商环境为切入点,具体考察了营商环境对企业社会责任的影响,研究了相应的推进机制。一方面扩展了研究的角度,另一方面丰富了宏观营商环境与微观企业社会责任的互动机制。

最后,在研究方法上,本书实证分析了基于营商环境对民营企业社会责任的影响,基于相应的理论架构提出了研究假设,选取营商环境评价数据为研究样本,在此基础上建立了两者的实证模型,并进行了相关性和描述性的统计分析。从而得出实证结果,验证研究假设,为本书提供实证支持开辟了新思路。

第2章 概念界定及相关理论

本书首先对营商环境、民营企业、企业社会责任及企业社会责任的推进机制的概念进行界定,然后对利益相关者理论、协同治理理论、资源依赖理论、制度变迁理论及可持续发展理论进行归纳梳理,为下文推进机制的进一步研究奠定理论依据。

2.1 概念的界定

2.1.1 营商环境

营商环境作为学术术语最早见于世界银行2003年发布的《全球营商环境报告》,至今尚没有一个普遍接受的概念。世界银行对营商环境的定义是一个企业在经营、贸易活动及纳税中,遵守政策法规所需要的时间和成本等外部条件,也即世界银行关注的是一个企业在政策上的自由度和便利度。

本书认为营商环境是指企业经营与发展过程中所伴随的内外部条件以及周边状况的集合,包括了企业的初期创立、融资、股票发行、日常经营、结束经营等各个阶段。营商环境对企业的发展来说至关重要,由于其涵盖的要素颇多,因此营商环境更多地被看成一项系统工程。

学术界基本认同营商软环境为非物质的,包含影响企业运行的政治、经济、法律和社会等要素,是政策、规则、制度等要素的总和。

(1)营商环境的构成要素。

由于研究内容和思考角度的不同,学者们在选择营商环境构成要素时所得出的结论也各不相同。因此在这些构成要素中,本书选择出现频率较高的几个因素进行总结分析。

①政务环境。许多有关营商环境的文献对其要素划分都涉及政务环境及其内涵的类似要素,比如行政环境、行政治理水平、政府对企业的干预程度、政企关系等。

②法治环境。通过整理营商环境相关文献可知,很多学者都会选择将与法治水平有关的要素纳入营商环境构成体系,如法律制度环境、法治水平、律师从业人口占总人口的比重等。本书将企业生存发展不同时期所面临的法治环境统称为法治环境。

③科技创新环境。这里的科技创新环境更偏向于技术成果的市场化程度。通过之前的文献可以知道,营商环境有关科技创新的内容被广泛采用,诸如人力资源环境、人才环境、科研机构参与情况等因素。

④金融服务环境。顾名思义是指企业在运作过程中所必需的融资服务,侧重于金融机构为确保企业的正常运作为其提供资金帮助的外部环境。

从上述分析可以看出,营商环境构成体系应涉及法治水平、政府效能、科技创新程度、金融服务水平等软环境维度。这已经得到众多学者的认可,并有一些学者指出了营商环境各要素的作用大小。

(2)营商环境的研究视角。

①基于企业需求视角。该视角部分遵循世界银行报告的定义,从企业生命周期的各个不同阶段进行讨论。在宏观层面上将营商环境定义为会对企业发展造成影响的经济、政治、文化和社会因素的集合,将营商环境看作国际竞争力的重要体现。在微观层面上将营商环境与投资环境等同,根据与企业是否直接相关将营商环境划分为两个方面。与企业直接相关的方面,包括市场开放、产权保护程度、行政工作效率等,也包括与企业发展不相关的部分,如社会基本教育水平和社会发展条件等。

②基于市场发展视角。营商环境涉及社会发展的方方面面,是一个综合性的概念。社会环境是营商环境中最为重要的一个因素。营商环境优化的核心是处理好政府与市场的关系,创造公平竞争的市场秩序,建立较为完善的市场运行机制,这是营商环境建设的重中之重。因此,从广义上讲营商环

境就是一系列市场环境对制约最高企业社会生产率的重要因素。

③基于政务管理视角。政府是营造营商环境的主要力量,营商环境从概念上看既是政府提高行政工作效率所在,也是弥补政府工作短板的环节,二者之间具有内部一致性。政府也是营造营商环境的主体,一方面,从营商环境的根本属性来说,营商环境属于公共物品,因此营商环境的塑造和优化是政府的基本职责之一;另一方面,营商环境的优化作为一项系统工程,政府在这个系统中起着调节的枢纽作用。

总之,三种不同角度上的定义互为补充和辅助,为本书营商环境的概念界定丰富了内涵。营商环境作为一个国家或地区重要的软实力,不仅是综合实力的体现,更是企业发展的必要条件,营商环境作为国家发展的推动力是极其重要的。

2.1.2　民营企业

民营企业是指民间私人投资、私人理财及私人经营的非公有制企业总称。关于民营企业的相关法律法规明确了对其发展的支持,如于2003年1月1日施行的《中华人民共和国中小企业促进法》,2019年12月发布的《中共中央国务院关于营造更好发展环境支持民营企业改革发展的意见》。目前我国民营企业占比70%以上,分布于各行各业,承担了国家50%以上的税收和国内生产总值,同时也提供了多种多样的就业岗位。

民营企业是相对于国有企业而言的一种企业类型,其按照所有制的类型又分为国有民营企业和私营民营企业。实行国有民营企业实施产权归国家所有,但按照市场要求自我运行、自我承担亏损,私有民营企业是指个体企业和私有企业。从广义上看,非国有独资企业即为民营企业。而从狭义角度上来讲,就是指私营企业和以私营企业为主体的企业。本书民营企业的定义主要在于它狭义的含义。

中国民营企业起步较晚,自改革开放之后逐步跟随经济发展的脚步发展越来越迅速。一般来说,民营企业有以下几个特点:

①机制灵活。因为民营企业发展起步较晚,因此大多数民营企业为中小

企业规模,规模小的好处在于调整机制较为灵活。相对于国有企业来说,虽然规模较小,但应变能力较强,发展转变较为迅速。

②融资难。相对于西方发达的财务金融系统来说,中国在此方面发展较为缓慢,国有企业掌握大部分的国有资本,力量雄厚。支持民营企业发展的资金,虽在近年来略有好转,但仍基础薄弱。但仍有民营企业因为得不到金融的支持,而无法扩大再生产。

③管理不规范。民营企业大多是由中国传统的家族企业发展而来。在企业的发展过程中,大部分制度革新往往由于旧的制度而最终停止,因此在管理制度上民营企业仍需要进一步发展。

民营企业将进一步形成不同规模、优势互补的发展新格局。随着经济社会不断发展,小型企业通过分工协作为大中型企业提供配套服务而加速发展,在形成和发展产业集群中发挥更大作用:一些高新技术企业将成为极具成长性的企业;中型企业将更多地向专业化、特色化方向发展部分将成长为大型企业;大型民营企业则在做精、做专主业的基础上进一步做强、做稳、做大,有的向价值链上下游延伸,有的向金融、物流等现代服务业扩展。由此看来,民营企业作为经济发展中极为重要的市场主体,对经济快速发展及上升中的中国来说是相当有意义的。基于此,本书探讨在营商环境下,民营企业的社会责任履行推进机制,有助于拓展和完善企业社会责任的理论研究内容。

2.1.3　企业社会责任

(1)企业责任的发展历程。

企业社会责任是指"企业在创造利润、对股东和员工承担法律责任的同时,还要承担对消费者、社区和环境的责任,企业的社会责任要求企业必须超越把利润作为唯一目标的传统理念,强调要在生产过程中对人的价值的关注,强调对环境、消费者、对社会的贡献。在学术界,英国学者谢尔顿(1924)最早提出"企业社会责任"这一理念,但在当时并未引起关注,直到20世纪50年代鲍恩(Bowne,1953)才真正地开启了企业社会责任时代,他提出:"商人有义务为了社会总体的价值和目标去确定其策略并采取行动"。其实这个观点并不是很具体,但是为后人能更深入地研究与探索企业社会责任奠定了基础。

20世纪60年代是企业社会责任的定义研究阶段,在这个阶段,企业社会责任得到了快速发展。戴维斯(Dvasi)作为最有影响力的学者,他提出"除了考虑直接的经济与技术利益,商人在进行决策的时候需要关注其他利益",并在此基础上提出了"责任定律",指出商人所承担的社会责任应当匹配其社会影响力。20世纪70年代开始,企业社会责任逐渐形成自己的理论体系,从上一阶段的基础理论建构转向对其具体内容分析。1971年,美国经济发展协会(CED)提出了三层同心圆理论(见图2.1),指出企业社会责任由三个方面组成,由内向外构成三个同心圆,外层的实现以内层的实现为基础,从内层到外层依次为企业明确的经济责任、企业经济责任与变动中的社会价值观的结合、新出现但还不甚明确的社会责任。这种观点形成了早期的企业社会责任的"同心圆模型"。

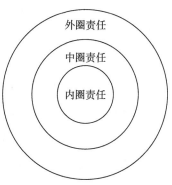

图2.1 企业社会责任的
同心圆理论

由图2.1可知,随着圈层的增加,社会责任的范围就不断地增大。三个圈层将企业社会责任划分为三个逐层递进的部分,以企业追求的经济利益为基础,从而为社会提供各种就业机会,最广泛的是对员工或其他利益相关者承担责任。

20世纪80年代开始,全球的经济形势和企业的组织结构都有着很大的变化,该研究领域出现了企业社会责任与企业绩效关系的热潮。之后,随着社会责任金字塔、社会契约等理论的不断丰富和完善,企业社会责任的社会认可度逐步提升,得到了进一步的发展。在其发展的过程中衍生了许多其他的相关理论,其中,利益相关者理论被认为是最密切的,是目前研究的热点。而我国当时对于企业社会责任理论的研究才刚刚开始。

21世纪初期至今,随着中东危机、全球变暖、全球金融危机等一系列经济

图2.2　企业社会责任的
IC 模型

社会发展环境的恶化,许多企业开始降低社会责任预算,企业社会责任的研究主要体现在对理论模型的修补与改善上,与此同时研究范围与研究内容都呈现出更为宽广和丰富的特征。据此,在之前"四层次说"的基础上提出了一个新的企业社会责任模型——IC 模型(Intersecting Circles Model)(见图2.2)。

贾马利(Jamali)在卡罗尔的金字塔模型的基础上,提出了企业社会责任"3+2"模型,将企业社会责任分为强制性的社会责任(经济责任、法律责任、道德责任)和自愿性的社会责任(自由决定的策略性责任、自由决定的慈善性责任)。

随着时代的发展,企业社会责任理论也随之逐步完善。企业社会责任理论作为现在研究的热点话题,多数学者对其进行了分析整合,而利益相关者理论是企业社会责任中最为基础的理论。本书基于利益相关者的视角着重研究分析了企业社会责任理论,如表2.1所示。

表2.1　基于利益相关者的企业社会责任理论

相关理论基础	企业承担企业社会责任的原因	对谁承担企业社会责任	企业社会责任的边界	企业社会责任的大小和程度	企业社会责任随时空环境变化的动态变化
企业行为的成本收益理论	①坚守股东利益最大化;②履行企业社会责任的标准为承担企业社会责任是否有利于企业利益;③企业可以选择性地承担企业社会责任;④企业在承担社会责任与企业财务绩效之间的相关性不明确	对谁承担责任由企业社会责任的收益是否大于支出来决定	在确保企业履行企业社会责任的支出不大于收益的范围内决定承担企业社会责任的内容和程度	按履行企业社会责任的支出计算	①不断选择那些能给企业带来更多收益的利益相关者;②对这些利益相关者承担更多的责任

相关理论基础	企业承担企业社会责任的原因	对谁承担企业社会责任	企业社会责任的边界	企业社会责任的大小和程度	企业社会责任随时空环境变化的动态变化
企业行为的外部性理论	①坚守股东利益最大化；②企业社会责任不包括外部性行为以外的很多其他行为；③外部性行为无法及时判断,企业社会责任的对象不清楚	没有明确	依据企业行为的负外部性的影响范围逐个判断	弥补负外部性接受方的损失来计算	按个例判定
利益相关者理论	①相关者投入资源的量是多少,没有明确；②企业对相关者承担的责任的量,也没有明确；	①是否向企业投入资源；	①企业与利益相关者之间的契约；	没有明确	按相关者对企业的投入资源多少来相应调整企业承担的社会责任
利益相关者理论	③把股东利益扩展到伦理和道德的层面,实质上仍然认为企业承担企业社会责任的出发点还是股东利益最大化；④在战略层面考虑长期利益和短期利益,局部利益和整体利益	②对企业未来发展有多大影响	②契约的内容和时效	没有明确	按相关者对企业的投入资源多少来相应调整企业承担的社会责任

纵观企业社会责任的发展历程可知,尽管该思想自提出之时就饱受世人的争议,但在之后的发展过程中,企业社会责任的内容得到了不断的完善和

深化,对企业社会责任的研究和讨论的重点也已经从企业是否应该履行社会责任转向企业积极主动地承担社会责任并如何履责,这也正是本书的研究的内容。

(2)企业社会责任的界定。

在企业社会责任的发展过程中,其已经从单一简单的思想阶段发展成为内涵丰富复杂的整合概念体,并且越来越多的企业都意识到企业履责的重要性,并把它当成是企业战略的重要组成部分。一般来说,学术界对于企业社会责任的内涵研究主要体现在其对象、内容和目的等方面。

第一,责任对象即企业对谁履行社会责任。

学者们认为企业只需对股东负责,是追求经济利益的"经济体",他们首先或者唯一的目标就是追求利润最大化。另一些学者则认为企业应该对除股东以外的利益相关者承担相应的社会责任。现在越来越多的学者对于社会责任的履行对象有了更为深刻的认识。他们认为企业社会责任既要强调对股东的责任,又要注重非股东利益相关者的责任。基于以上研究,本书认为企业社会责任的对象主要包括供应商、员工、股东、经营者、消费者、合作伙伴、政府与社区。

第二,责任内容是企业对相应利益应该承担什么样的社会责任。

卡罗尔(Carroll,1983)提出影响深远的"企业社会责任金字塔"(见图2.3),把企业社会责任划分为经济责任、法律责任、伦理责任和慈善责任四个方面。此框架更好地分析了各层责任的原因及范围,并且更进一步地阐述了各个维度之间所存在的关系,与此同时也指出经济责任与社会责任之间并没有存在矛盾与冲突。

第三,责任目的是企业为什么要履行社会责任。

企业履责的目的与企业的使命和目标具有一致性,且具有不受外界制约而自由决策的自愿性及赢得认可的可见性。通常,企业社会责任是指公司不能仅仅以最大限度地为股东们盈利或赚钱作为自己存在的唯一目的,而应当最大限度地增进股东利益之外的其他所有社会利益,包括雇员利益、消费者

利益、债权人利益、中小竞争者利益、当地社区利益、环境利益、社会弱者利益
及整个社会公共利益等内容。企业社会责任是指企业在创造最大价值和利
益的同时,除了对公司股东承担相应的法律责任,还要对公司的利益相关者
承担相应的责任。这些利益相关者包括企业的员工、社会以及社区等方面。
当前企业社会责任阐释的主流是基于利益相关者理论,但企业社会责任不仅
是企业经济活动的一部分,也是社会活动的一部分。

随着其定义和内涵的不断发展,企业社会责任在经济发展中也纳入了相
关的政府性议题。从一定意义上讲,企业社会责任倍受重视,不仅是因为社
会责任的概念丰富,还因为社会责任能够从多个学科角度展现其履行的必要
性。诸多学者从多个学科研究社会责任的定义,但本书的研究主要基于经济
学角度。

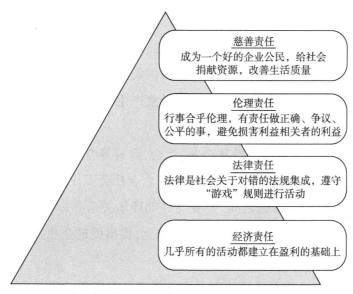

图2.3　卡罗尔的"企业社会责任金字塔"

总之,虽然学者们的观点各有分歧,但目前社会各界普遍接受的观点仍然
是企业在获得经济利益的同时,要承担起其社会责任。综上所述,本书认为

企业社会责任是企业责任的一部分,是狭义的企业社会责任,即在营商环境建设的背景下,在得到一定经济利益的同时,还要承担其对利益相关者的责任。

2.1.4　企业社会责任推进机制

在理解企业社会责任推进机制的内涵时,需要首先理解机制的内涵。

"机制"最早源于希腊文,原指机器的构造和工作原理,现已广泛地应用于自然现象和社会现象,指其内部组织和运行变化的规律。把机制的本义引申到不同的领域,就产生了不同的机制,如引申到社会领域,就产生了社会机制。一般而言,机制与事物紧密联系,事物是机制的载体,事物各个部门的存在是机制存在的前提。机制以一定的运作方式将事物的各个部分联系起来,使它们协调运行而发挥作用。

推进机制是指为了有效地实现良性运行而提出的能够促使系统内部子系统之间及系统与外部环境之间有机结合的工作方式。推进机制是在分析系统工作原理的基础上,对影响系统工作的因素和各因素结构、功能及其相互关系进行研究,进而提出的能够对这些因素产生正面影响、提升系统功能发挥成效的运行方式。

企业社会责任推进机制是从企业、社会、政府等方面着手建立的,是以政府为主导的企业社会责任管理体系。对于企业社会责任而言,其影响因素主要涉及企业自身内部系统之间、企业与外部环境关系等方面。基于此,有必要在分析各种影响因素的作用机理的基础上,提出促进企业社会责任更好发展的工作方式。

总之,企业社会责任推进机制是企业推进社会责任的运行方式,是影响、引导和制约企业社会责任决策,同时在企业运行过程中,规范和约束企业社会责任履行的各项活动的基本准则及相应制度,是决定企业社会责任履行的内外因素及相互关联、相互制约的工作方式的总和。

2.2 相关理论基础

2.2.1 利益相关者理论

利益相关者理论是企业社会责任研究过程中最重要的也是最基础的理论之一，它可以阐述为何企业社会责任实践活动对于财务绩效产生有力影响，同时它也是构建企业社会责任体系中的重要指标。

弗里曼（Freeman，1984）于《战略管理：利益相关者管理的分析方法》一书中率先提出利益相关者一词，利益相关者理论是理论与实践相结合的产物，其产生和发展有其必然性。以弗里德曼为代表的学者最初反对企业履行社会责任的理论依据就是"股东至上"，追求股东利益最大化，认为承担责任会损害股东利益，但利益相关者理论的出现，对"股东至上"原则进行了修正，清楚地表明企业由各种利益相关者组成，是一个"状态依存"的经济存在物，无法否认利益相关者对企业发展的重要性，也就说明企业的目标绝不仅仅是简单的股东利益最大化，而是所有利益相关者的利益实现。利益相关者理论站在一个更高、更全面的角度，考虑所有利益相关者的利益和整个社会的责任，明确提出企业对所有利益相关者负责任，弥补企业社会责任的不足，同时提高人们对企业履行社会责任的认同度。

克拉克森从利益相关者角度定义企业社会责任，将企业社会责任界定为"企业与利益相关者之间的关系"，其主要包含盈利和道德两方面，同时指出发展方向：协调这两类不同的责任及保持平衡。卡罗尔将利益相关者理论应用到企业社会责任的研究中，使利益相关者与企业社会责任的四个组成部分紧密相连，为企业社会责任指明方向，明确企业的利益相关者为企业的社会责任对象。因此，利益相关者理论使企业社会责任的定义和方向更加明确，一定程度上界定了企业承担社会责任的范围（见图2.4）。

图2.4　基于利益相关者的企业社会责任

利益相关者理论为衡量企业承担社会责任的状况提供了可行方法。早期对企业社会责任的衡量研究主要有"声誉指数法"和"内容分析法"两种,但都存在明显缺陷:"声誉指数法"带有强烈的主观色彩,每个人看法不同,结果也不尽相同;"内容分析法"主要依靠企业已公开的数据,但企业没有专门的企业社会责任方面的数据,通常与其他企业行为内容混合记录,也就无法保证"内容分析法"的准确性。而利益相关者理论从利益相关者角度出发,企业社会责任就可以通过能否满足多重利益相关者的需要来衡量,能够较客观公正地判断企业社会责任水平。

本书运用利益相关者理论,从利益相关者角度出发,补充了企业社会责任的概念,指出了企业社会责任的对象,限定了企业社会责任的范围,弥补了企业社会责任理论的不足,为企业社会责任的研究提供理论基础,进而推进企业社会责任的实现。

2.2.2 协同治理理论

"协同"一词最早由安索夫(Ansoff)在研究企业多元化问题时提出,主要是指组织各事业部间的协同。而德国物理学家哈肯第一次系统地提出了协同理论,他认为通过协同,各个子系统相互作用产生的效果是所有单个子系统无法比拟的,这种效应称之为协同效应。哈肯在《协同学导论》中对协同治理理论进行了系统的阐述,认为所有事物间都存在有序或无序现象,两者可相互转化,有序即为协同,而协同现象普遍存在。协同治理即协同理论与治理理论的有机统一,其要素特征为:治理主体多元化、自组织间协同性、序参量主导性、目标的统一性。协同治理在本书主要指的是跨部门协同合作,不仅是企业内部,还包括政府、企业、其他组织及公民,就某些问题达成协议,共同商议共同决策,并且共担风险,以求提高效率、获得收益并且降低风险率。

(1)治理主体多元化。

企业社会责任概念本身涵盖非常广,"社会"一词范围更是过于广泛,影响企业社会责任履行的因素既有企业内部因素,又有企业外部因素,那么企业社会责任单单靠企业自身是无法实现的,可以说任何一个个体都无法单独实现,协同治理理论的出现很好地解决了实现机制过于单一的问题,协同就是协调不同子系统,共同作用。协同治理理论为企业社会责任的履行构建企业、政府、社会三位一体的治理系统,其协同实现离不开各个主体的有效配合,各个子系统间相互独立又相互作用。政府精准发力,为企业构建良好经营环境,助推企业高效发展,为构建富强、文明、和谐社会贡献力量;企业自身得以发展,积极履行社会责任,促进经济高质量发展,助推社会发展,同时反馈信息给政府,帮助政府优化行动;社会的进步又意味着政府存在的必然性,肯定了政府的作为,同时企业得以更快发展。而这三位一体的相互作用都为社会责任的实现打下基础,实现共赢。其循环作用如图2.5所示。

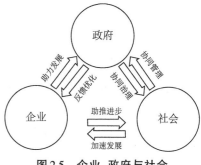

图2.5　企业、政府与社会协同治理系统

（2）自组织间协同性。

协同理论强调的是自组织间的自主与协同,不同企业拥有资源的种类数量、环境变化、部门关系优劣等都会影响企业社会责任的实现.当自组织各自独立运行时,遇到问题,若无法及时解决,系统只能陷入无序状态。但当自组织自主协同合作,愿意合作互动,系统则得以有序发展,进而企业社会责任得以实现。其协同性弥补了企业社会责任影响因素的内容,让企业知道"应该做什么"。

（3）序参量主导性。

序参量,即有序参量的简称,是保证一切事物有序进行的抓手。徐耀强（2020）认为政府作为社会公共事务管理主体、公共秩序维护主体、宏观调控主体,在企业社会责任的实践中发挥着极大的主体作用,同时企业作为社会责任的履行者,在企业社会责任的实现中占据主导地位,有效协同各部门、各利益相关者的关系,并对企业社会责任加以分担。协同治理过程的本质是公共权力与公共资源进行协调,企业社会责任的实现需要企业、政府发挥各自的主导作用,共同治理。

（4）目标的统一性。

协同治理追求的是发挥系统最大功效，在竞争与互助中寻找合适的路径，从而实现最优治理。不同的治理主体合作，其目标一致，都是为了获得利益甚至追求利益最大化的实现，这也意味着各部分主体都会积极参与，实现功能互补。各部分主体相关内容的协同及为企业社会责任的披露增添了大量新内容，如制度与社会协同、定性规范与定量评价协同、内部控制与外部监督协同等，从各方面协同对企业社会责任进行披露，加强结果的准确性，有利于切实了解企业社会责任履行状况，进而弥补不足，推进企业社会责任实现。

通过以上分析，可以知道协同治理理论是由多方主体并行，旨在为实现共同目标而共同努力，在弥补企业社会责任影响因素、推动企业社会责任履行、反馈企业社会责任信息等方面作用效果显著。本书运用协同治理理论，探究营商环境对企业社会责任的推进，为其作用机理提供了更全面的解释。

2.2.3　资源依赖理论

资源依赖理论强调的是企业赖以生存的外部资源，外部资源需要从企业外部环境中吸收，企业要与周围环境相互依存、相互作用才能得到生存和发展。企业要生存就需要资源，资源有无形资源与有形资源之分，像组织才能这种比机器设备等有形资源更能带来长期竞争优势的资源无法在市场购得。

各个企业拥有的资源、所需的资源都大不相同，任何企业都不可能存在一切所需资源，为了获得资源，企业会在其所处环境中进行互动，但由于环境的不确定性和资源的缺乏，企业利益无法保证，于是企业会努力追求更多资源以求稳步发展。

巴尼（Barney，1991）对资源的特点和分类进行了明确的界定，进一步推动了资源依赖理论的发展，如学者吉海涛（2010）在对资源型企业社会责任进行研究时提出了以资源依赖理论为依据，将资源型企业利益相关者按优先性依次分为关键利益相关者、重要利益相关者、一般利益相关者。另外，也有一些学者开始认识到企业内部资源的可持续问题，由于企业在实际的经营过程中不得不面对外部环境的不确定性和激烈的市场竞争,随着技术的进步,企业前期形成的某种核心能力可能反过来制约后续的发展。弗里曼(Freeman,1999)的研究表明,企业对某个利益相关者提供的关键性资源的依赖性越强,相应地,提供该资源的利益相关者获取收益的能力越大,拥有的权力也越高。这表明,企业的生存和发展依赖于那些关键的稀缺资源,而且依赖程度是由关键的稀缺资源对企业的重要性所决定的。从这个角度来看,企业是市场不能完全复制的专用性投资的联结。王建玲等(2019)立足资源依赖理论,探究了企业社会责任对风险承担的作用机制,结果发现:履行社会责任能够帮助企业获得其经营发展所需的资源,且资源获取越容易,企业社会责任对风险承担水平正向影响越明显。霍丽娟(2020)的研究发现,资源依赖性包含资源的重要性、互补性、不可替代性,这不仅是企业承担社会责任的根本出发点,也为企业履行社会责任提供了方向和对象,指出资源的依赖性越大,企业对资源供给者承担的社会责任也越多,也证明这些资源对企业的发展影响越大。

从总体看,尽管资源依赖理论的发展经过了多个阶段,然而其基本思想未改变,企业的发展离不开与外界系统的资源交换。企业若要持续地提升核心竞争力,必须获取关键性资源,而关键性的资源一旦投入企业就可能逐渐形成专用性资产,进而产生组织租金。对于这些的利益相关者而言,正是他们预期企业能够创造组织租金,并且按照一定的规则分配组织租金,这是拥有关键性资源的利益相关者参与组织租金分配的基础,企业必须承担保护其参与组织租金分配的相关责任;对于企业而言,因为使用关键性资源创造了组织租金,就具有了向拥有关键性资源的利益相关者分配组织租金的义务,进而就产生了对拥有关键性资源的利益相关者的责任。

总而言之,资源依赖理论能够有效地判断和解释利益相关者对企业的相对重要性,这种重要性会转变成拥有关键资源利益相关者的权利。因此,企业必须从企业生存与发展的战略高度来谨慎考虑和保护这些关键利益相关者的合法权益,进而更好地承担社会责任就成为一个非常关键的战略问题。

2.2.4　制度变迁理论

所谓制度变迁是指新制度(或新制度结构)产生、替代或改变旧制度的动态过程。作为替代过程,制度变迁是一种效率更高的制度替代原制度;作为转换过程,制度变迁是一种更有效率的制度的生产过程;作为交换过程,制度变迁是制度的交易过程。

制度变迁理论(Institution Change Theory),20世纪70年代前后,旨在解释经济增长的研究受到长期经济史研究的巨大推动,最终把制度因素纳入解释经济增长中来。制度变迁理论经济学意义上的制度,"是一系列被制定出来的规则、服从程序和道德、伦理的行为规范",诺思称之为"制度安排"。制度安排指的是支配经济单位之间可能合作与竞争的方式的一种安排。制度安排旨在提供一种使其成员的合作获得一些在结构外不可能获得的追加收入,或提供一种能影响法律或产权变迁的机制,以改变个人或团体可以合法竞争的方式。

道格拉斯·诺斯(20世纪70年代前后)在研究中发现了制度因素的重要作用,将制度因素纳入解释经济增长中来,旨在解释经济增长的研究受到长期经济史研究的巨大推动,其理论主要包含三部分:产权理论、国家理论、意识形态理论。高丽君(2015)指出,现代企业制度受到企业内外部影响,包括政府行为、法律、法规、配套措施及企业自身经营状况,其制度变迁伴随着企业社会责任的履行而不断更新。王冬冬(2017)立足于制度环境,发现企业社会责任对财务绩效有显著的正向关系,同时制度环境的优劣影响着企业社会责任对财务绩效的作用。谢昕琰等(2018)基于新制度主义理论,把研发投入作为促进企业履行社会责任的因素之一,研究结果表明:制度压力在研发关系与企业社会责任的影响关系中有显著的调节作用,且有研发投入的企业社会责任履行更多。陈宗岚(2019)基于制度安排的角度,对企业社会责任机制进行研究,从三个时期探讨了企业社会责任与制度变迁理论的关系:一是诱致性制度变迁,其时代背景决定了企业社会责任制度和发展要把利润放在首位,企业社会责任在相应获利机会时自发倡导、组织和实行,主要体现在经济责任范围;二是强制性制度变迁,企业社会责任由政府命令和法律引入,主要体现在法律责任方面;三是两者并存,企业社会责任主要表现在社会伦理道德方面。

基于以上学者关于制度变迁理论与企业社会责任关系的分析,可以发现,企业社会责任的履行影响着制度变迁理论的发展,制度变迁理论又从不同角度推动企业社会责任的实现,为企业社会责任构建非正式制度、完善正式制度、提高执行力度献力。本书运用制度变迁理论,立足制度这一因素,在不断更新制度的同时为企业社会责任增添新内容并推进企业社会责任的履行。

2.2.5　企业可持续发展理论

1980年3月5日,联合国指出必须研究自然、社会、生态、经济之间的基本关系,保证全球持续发展。1987年,世界环境和发展委员会(WCED)在《我们共同的未来》中通过分析人类正遇到的经济、社会和环境问题,正式定义了可持续发展,这为企业可持续发展提供了理论依据。可持续发展战略是从实际出发,符合当代国情的一项科学决策,旨在既满足当代人的需求,又不阻碍后代人的发展,以求达到共同、协调、公平、多维、高效的发展,主要包含公平性、持续性、共同性三大基本原则。在经济向高质量转型,资源短缺、人口压力、环境污染等阻碍经济发展时,可持续发展理论显得尤为重要。可持续发展理论可简单地概括为经济可持续发展、生态可持续发展、社会可持续发展,经济是基础,生态是条件,社会则是目的。

企业可持续发展是指在企业追求自我生存和永续发展的过程中,既要考虑企业经营目标的实现和提高企业市场地位,又要保持企业在已领先的竞争领域和未来扩张的经营环境中始终保持持续的盈利增长和能力的提高,保证企业在相当长的时间内长盛不衰。其实质是在经济和社会发展过程中考虑当前发展和未来发展的需要,关注全社会及子孙后代的利益,不以牺牲后代人的利益为代价来换取当代人的利益。可持续发展作为一种全新的发展方式，不可能自发地实现，最根本的出路是依赖于企业，引导企业积极履行社会责任，将可持续发展的理论贯穿到企业日常的经营活动与管理活动之中，从而推动企业可持续发展。

周祖成、欧平、乔治·恩德勒(Zhou et al., 2006)提出企业社会责任主要包含三方面：经济责任、政治和文化责任、环境责任。以下基于此三方面对可持续发展理论进行相关论述：一是企业自觉履行经济责任。企业设立的目标就是盈利，不仅是企业自身盈利，还要全体员工共享经济成果，共同盈利，即保证所有利益相关者的利益。利益得到保障，人力资源及其他一系列资源才能保留，生产力才会提高，才能创造更多的财富，进而拥有保值或增值资产，进一步扩大生产，从而实现企业可持续发展。企业作为经济发展的主体，企业得以可持续发展才能助推经济可持续发展的实现。二是企业主动履行政治和文化责任。增加企业的竞争力、认同度与声誉，为企业营造良好的氛围，企业得以保持生命活力，在体现自己的文化和价值观念的同时展现出企业存在于社会的中心价值。企业的可持续发展需要社会的支持，若要得到社会的支持，就必须承担相应的社会责任，从而又推动社会的可持续发展。三是企业积极履行环境责任。环境问题越发受到重视，无论任何领域，都始终强调"绿水青山就是金山银山"的发展理念，在发展的同时尽可能地低消耗、低排放，将对生态环境的污染降到最低，将低碳、绿色、环保作为首要前提，既推动了企业的可持续发展，也实现了生态可持续发展。无论企业履行哪个方面的社会责任，都对企业自身的可持续发展起着促进作用。

通过以上分析可以发现，可持续发展理论与企业社会责任之间存在着良性互动、循环促进的关系，可持续发展本身就填补了企业社会责任的内容，而企业社会责任又为可持续发展的实现指明了方向。本书运用可持续发展理论，对企业提出新要求，突出企业自觉履行社会责任的必然性，为企业社会责任的推进机制研究提供依据。

2.3　本章小结

　　本书在对相关概念进行科学界定的基础上,然后对利益相关者理论、协同治理理论、资源依赖理论、制度变迁理论及企业可持续发展理论进行梳理,以上理论能够为民营企业社会责任推进机制研究提供一定的借鉴,为政府制定政策和企业决策提供理论支持和科学依据。

第3章 营商环境与企业履行社会责任的现状及分析

本章对民营营商环境及企业社会责任履行现状进行分析,并提出其存在的问题。此外,结合相关理论,从政府、社会、企业三个维度出发,结合企业履行社会责任实例,分析企业社会责任缺失成因,进而从总体上分析和把握当前中国企业社会责任履行机制的现实情况。

3.1 企业社会责任履行情况现状

3.1.1 企业履行社会责任成效

改革开放40多年来,我国民营企业从无到有、从小到大,实现了举世瞩目的发展。随着企业的发展壮大,我国民营企业越来越注重企业与经济、社会、环境共同可持续发展,社会责任意识逐渐增强,社会责任实践领域逐步拓展,在履行经济责任、法律责任、道德责任和环境责任方面取得了显著的成绩。特别是近年来,我国企业特别是民营企业,响应党中央以及国务院的号召,积极履行企业社会责任,同时也取得了巨大的成效。根据《企业社会责任蓝皮书(2019)》,中国企业前100强社会责任指数提升至54.6分,即将迈入领先者行列。在2009—2018年这10年间,我国企业的社会责任指数得到了极大的提高(见图3.1)。社会责任指数提高成效显著,尤其在企业职工福利、环境保护及社会慈善三个方面。

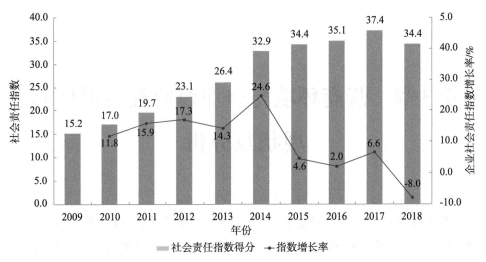

图3.1　2009—2018年企业社会责任指数变化

（1）职工福利方面。

员工是企业利益相关者中最重要的一环,员工利益对于企业利益来说至关重要。二者利益是相辅相成、缺一不可的,保护员工权益是获得企业利润的基础。员工是企业社会责任的五大主体之一,在十余年的发展中,我国企业在保障员工法律权益、工资权益、养老权益以及激励机制等方面取得了长足的进步。在法律权益方面,我国企业劳动合同签订率达到90%以上,依法保护员工的切身利益,使员工享有具有保障性的劳工关系。同时在员工的日常培训中积极普法,开展各种法律教育活动,增强企业员工的法律意识,在企业不断推动法律权益的基础上,企业扩大自身的经济效益,从而助推社会责任感的提升。在员工工资权益方面,按照《中华人民共和国劳动法》(以下简称《劳动法》)的规定,员工工资不得低于最低工资标准,同时不得克扣员工工资,保障员工加班补贴等额外收入。在保证员工日常休息及生活的情况下,合理安排用工时长以及加班时长,保障员工自身的时间权益,从而提高劳动者工作的效率,助推企业效率以及效益的提高。同时在保障养老权益方面,有80%以上的企业为员工提供养老保险或城镇医疗,使员工老有所养,增强员工抗打击、抗风险能力。不仅从日常缴纳养老保险提高劳动者的养老稳定性,而且通过养老基金、医疗保险、重大疾病险、公积金和住房保障等补贴进一步提升员工稳定感和满足感。在激励员工机制方面多措并举,首先根据企业具体的生产情况以及生产效能,不断以工资奖金等基本激励机制促进员工效率的提升公司绩效,以奖金补贴等方式提高员工工作的积极性,同时推动积极带头模范对普通员工的导向作用,增加员工工作的竞争力。通过以上四方面的员工保障,企业员工活力得到极大的提升和企业得到全面科学的发展,以及企业效能的提高,从而促进企业利益的提升,推进社会责任的履行。

(2)环境保护方面。

习近平同志2018年在深入推动长江经济带发展座谈会上的讲话明确指出:要坚决摒弃以牺牲环境为代价换取一时经济发展的做法。因此,我国企业首先从生产中注重环境保护。关停以资源消耗型为主线的生产企业,将科创融入日常企业的发展中,从而在源头上降低企业的污染。在生产过程中,生产工具的消耗以及日常用电用水等以环保标准执行,降低日常企业运行的生活污染与生产污染,在环境保护方面取得了成效。在排放和丢弃各种工业垃圾和废料的过程中,坚持不将污染而未经处理的工业废水排向湖泊、水田等区域,更新进水处理设备和污水,排放设备坚持不以生态环境的破坏,从生产线最重要的尾端控制污染的产生。

近几年来,我国企业不以生产速度论英雄,转而以生产的绿色无污染来衡量一个企业最终的效益。积极调整产业结构,将资源浪费和污染型产业不断调整,从而适应环境保护的要求。加快技术方面的革新,以科技创新型区企业取代资源浪费型企业,从技术创新方面,不断提升企业的科创竞争力。在降低能源损耗和实现可持续发展方面迈出了重要的一步。

(3)社会慈善方面。

企业作为国民经济中重要的组成部分,不仅为员工提供岗位,在员工养老保障、日常生病保障、重大疾病险、住宿补贴,取暖补贴及住房公积金等方面都提供协同助力。还对社会慈善作出自身的贡献,在社会慈善重大事项以及日常公益方面,企业从物品、资金,以及各种渠道不断地为慈善事业添砖加瓦。特别是在重大灾害面前,我国企业捐钱捐物,为重大灾难的解决和重建作出了自己的贡献。同时我国企业在乡镇慈善、医疗慈善及科技慈善等方面都发挥着重要作用。在乡镇慈善方面开展助学公益基金及乡镇复兴等慈善项目,助力我国农村公益事业的发展。在医疗慈善方面,助力医疗发展,助推多项医疗下乡镇的活动,向贫困山区捐赠多个医疗先进设备等。在科技慈善方面不断投入资金,助推我国科学事业的发展,体现了我国企业的责任感。《慈善蓝皮书:中国慈善发展报告(2020)》指出,2019年,民间慈善事业被进一步纳入国家治理体系当中,呈现出"治理吸纳慈善"的总体特征,慈善开始成为国家整体治理体系的一部分,关为国家治理战略目标服务。以企业为主体的科技向善和商业慈善在质疑中逐渐成为时尚,而企业社会责任和影响力投资成为重要主题。大量的慈善捐赠给我国企业特别是民营企业,带来了口碑声誉,侧面提高了企业的社会认知度,增强企业的社会声誉,降低了企业的经营风险,带来了社会责任的提高。

3.1.2 企业社会责任存在的问题

(1)诚信经营缺失。

诚信经营当为企业的立足之本。但近年来,市场上各种假冒伪劣商品、质量不达标的商品层出不穷,不仅是在日常用品中,在食品等与人身安全息息相关的产品中也存在此类现象,严重侵害消费者的权益,大大降低了社会对企业的信心和信任度。这样的企业一味地追求经济效益,而不关注商品的质量和效用,不在乎生产商品的标准,不仅侵害消费者权益,还会导致企业的进一步衰退。商品滞销,企业的形象大幅度下滑,利润空间不进反退,企业停工甚至会遭遇破产,企业失去盈利能力,无法支撑企业运作,更谈不上承担社会责任。

(2)持续增值能力下降。

企业盈利能力的不足,造成企业社会责任意识淡薄,阻碍了社会责任的承担。近年来我国企业的规模和数量虽然在不断地扩大,各种不同类型的中、大型企业层出不穷,包括各类科创型企业以及新兴的网络型企业,但是从盈利情况看,大部分企业利润与成本比例比较小,随着成本的不断增大,而利润空间却并没有随之增大。究其原因,多是自主知识产权和技术方面受制于人,没有自己的技术核心,技术往往需要花费大量的资金从国外购买,因此成本较高,压缩了利润空间。因此虽然企业不断出现,资金投入也不断增大,但由于创新的本质,增值和盈利能力不足。在盈利能力得不到提高的情况下,企业的利润不能随着成本的增加而增加,因此企业对自身的信心不断下降,同时也无法支撑企业对员工和社会的责任,那么企业承担社会责任的意识和能力也会一定程度的下降。

3.2　企业社会责任推行机制分析

3.2.1　政府推行分析

中国经济正处于由高速增长向高质量发展阶段,而经济的发展离不开民营企业,企业为人民和国家提供生活所需要的产品与服务。随着经济全球化的发展和改革开放的不断深入,企业社会责任理念逐渐深入中国企业。"科学发展观""既要金山银山,也要绿水青山""建设和谐社会"等理念的出现,代表着政府在促进经济高质量发展的同时,主导着企业社会责任的推进,进而实现两者的相互促进。

企业在运营过程中会遇到各式各样的问题,也会有些违法违规行为,这时都需要政府发挥作用,帮助企业渡过难关、约束企业不当行为。纵览中国政府对企业社会责任的推进作用,主要可分为国家立法、国际接轨、宣传培训、监督评估四个方面。

(1)国家立法。

政府在企业社会责任的推进过程中占据主导地位,为使企业社会责任更好地实现,国家不断拓展立法范围、加大执法力度,其相关法律大致可分为六类:基本原则、社区责任、安全健康、环境保护、商业责任、职工权益。立法内容包含了从生产到消费、从定义到处罚、从劳动标准到员工福利、从公司运营到商业诚信等各方面,涵盖面十分广泛。

《中华人民共和国公司法》是专门对企业运行进行规范的综合性法规,明确提出了企业必须承担社会责任,从公司本身应当知法守法到对股东和债权人进行保护,再到保证其他利益相关者的利益,这一规定为政府推行企业社会责任提供理论依据。除《中华人民共和国公司法》以外,中国还在许多方面作出了相关法律规定,以此作为政府推动企业社会责任构建的动力依据及坚强后盾。例如,《中华人民共和国宪法》是中国根本大法,保障公民的基本权利和义务、保障自然资源合理利用、保护环境、保护劳动者合法权益等在宪法中都有涉及,而这些都属于企业社会责任范畴。《劳动法》对劳动者工时、福利、薪酬等都作出相关规定,是切实维护劳动者合法权利的基本法律。《中华人民共和国消费者权益保护法》除了规定消费者的权利,还强调了企业在市场运营中对消费者应当履行的责任。此外,《中华人民共和国反不正当竞争法》《中华人民共和国食品安全法》《中华人民共和国产品质量法》等都提出了保护消费者权益,《中华人民共和国环境保护法》《中华人民共和国节约能源法》《中华人民共和国私营企业暂行条例》等则强调了企业在环境方面的责任,《中华人民共和国就业促进法》强调企业发挥失业保险作用,使将来失业劳动者的基本生活得到保障。

这一系列的法律法规不断补充完善企业对社会各个层面及企业自身利益相关者的责任。政府推动企业社会责任法治化,将企业社会责任纳入法治化管理体系,使企业严格遵守各项法律法规,在依法经营的前提下,创造利润,进而实现对企业社会责任的推进。

(2)监管评估。

企业社会责任缺失现象时有出现,例2012年广西龙江镉污染事件,2014年湖南桃源铝厂污染事件。政府作为企业社会责任相关主体之一,极大地影响着企业社会责任的顺利履行,仅仅立法无法保证企业社会责任的实现,有法不依,则一切只是空谈,因此政府的监管十分重要。政府还要加强监管,严格执法,严格检查,对于违反法律规定的企业给予严重处罚,上述案例皆有法可依,但企业社会责任履行力度仍然低,可见企业社会责任顺利推进必须依靠政府的严格监管。政府在实行监管的同时,还要对企业守法履责情况作出定期评估,有奖有罚,提升企业履行社会责任积极性,完善企业社会责任评级体系,建立专门认证机构对企业社会责任进行评估考核。政府的监管评估将有效地反映企业社会责任推行现状,促使企业履行社会责任。

（3）宣传培训。

企业社会责任意识的淡薄也是造成履责力度低下的原因之一,政府可强制企业履责,但远没有企业自觉来得有效,而企业社会责任意识的深入能够促进企业的积极性,那么政府的引导和推进就显得尤为重要。政府以其强大的号召力,加强对企业社会责任的培训,使企业明确履行社会责任的意义;加大对企业社会责任的宣传力度,使全社会都开始重视企业社会责任。

自企业社会责任引起重视以来,政府不断发布相关报告,政府与社会组织举办工作研讨会,提升企业社会责任意识。例如,2006年以来的"企业社会责任十大事件""中国企业社会责任国际论坛",2008年以来的"中国企业社会责任报告国际研讨会",2009年以来的"中国工业经济行业企业社会责任报告发布会",2018年以来的《中国民营企业社会责任报告》蓝皮书,2018年以来的"全球企业社会责任峰会"等都是为推进企业社会责任而开展的工作。经过这些努力提高企业领导人、职工、社会公众及所有利益相关者对企业社会责任的认识,让企业自身意识到履行社会责任的必要性,同时对认真履行社会责任的企业进行公开表彰,进而带动更多的企业参与到推进企业社会责任行动中来,营造积极主动履行社会责任氛围。

除此之外,许多地方政府也为宣传培训企业社会责任作出了努力,浙江省政府为推动企业社会责任建设,利用新闻、媒体,引导舆论,大力宣传推广,政府自身各阶层统一思想,建立长效机制,以求对企业社会责任推进长久有效。香港特别行政区政府采用"民间主导、政府协作"模式,在提供资助、跨界合作、能力提升、公众认知等方面多管齐下,全面推动企业社会责任实现。

（4）国际接轨。

中国企业社会责任起步较晚,较之西方发达国家有一定的差距。中国-瑞典建交60周年时,中国明确指出,中国企业社会责任趋向与国际接轨,瑞典作为第一个设置企业社会责任问题协调部门的国家,有着可供中国吸收的经验教训。企业社会责任已经成为国际热门话题,且企业社会责任的实践需要内外兼顾,这就要求中国"走出去",实现与国际对接。

SA8000标准是企业社会责任国际标准,其核心内容是保障劳工权益,主要包含劳动保障、人权保障、管理系统三方面。中国2016年开始实施的《社会责任指南》(GB/T 36000—2015),涵盖了企业社会责任的方方面面,为中国政府推进企业社会责任建设提供参考。

3.2.2 社会推行分析

企业社会责任本身就含有社会属性,其实现仅仅依靠政府推动是完全不够的,社会孕育着企业成长,内部因素众多,企业社会责任需要社会公众共同推动。基于社会层面,对企业社会责任的推进可以大致分为以下四个方面。

(1)行业协会推动。

行业协会介于政府、企业之间,具有非政府性、非营利性、公益性,也称非政府机构(NGO),是连接政府与企业的桥梁,在两者间发挥着沟通、监督、协调的作用,为企业社会责任的推行提供组织基础,并在企业社会责任方面建立评价体系、监督管理、宣传培训、行为准则为一体的促进机制。行业协会一定程度上分担了政府的职责,为社会稳定和谐助力。

中国行业协会发展全面,在推动企业社会责任方面较占优势,例如"中国企业管理协会"致力于传授企业管理知识,"中国食品工业协会"推动食品工业持续、稳定、协调发展,"中国交通运输协会"专注于交通运输和物流方面,"中国房地产业协会"主要调查研究、反馈信息,促进行业信用建设等。行业协会众多,涉及范围广泛,各行业协会致力于建设不同行业企业社会责任履行、监督、评价、改善体系,实现行业自律和社会责任管理,在制定完善行业内企业社会责任标准和准则的基础上,推动企业社会责任实践,达到深化企业社会责任意识的目的,促使各企业依法运营,积极履责,提高企业自身能力。自2005年中国首个行业自律标准《中国纺织企业社会责任管理体系》(CSC9000)制定以来,其他各个行业也陆续制定了促进企业履行社会责任的行业管理体系,为企业承担社会责任、完善社会责任评价体系提供有力保障。

(2)消费娱乐推动。

企业经营就是提供社会所需的产品及服务,其主要服务对象即是消费者,消费者的满意度是评价企业能力的重要指标,而消费者是否满意取决于是否愿意购买,消费者的购买意愿又受到个体感知和群体意见的影响,那么企业社会责任就成为影响消费者购买意愿的重要因素,其作用机理如图3.2所示。

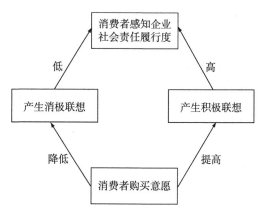

图3.2　企业社会责任与消费者作用机理

一直以来,消费者判断一个企业的优劣最主要的就是根据企业的口碑,而企业社会责任的感知绩效是判断一个企业口碑最直接的方法,绩效越高,消费者满意度就越高,也就更愿意购买。因此,随着消费理念的更新,消费者越来越倾向于社会责任履行度高的企业生产的产品与服务,也开始支持并监督企业履行社会责任,企业社会责任成为消费者的需求之一,引领企业积极推行社会责任的实现。

（3）新闻媒体推动。

新闻媒体是大众获取最新消息的主要媒介,且对信息有放大作用,在对企业社会责任的推行方面扮演着重要角色,企业的知名度、美誉度、动向都逃不过媒体的眼睛,各种企业社会责任缺失案例、企业社会责任优秀案例的报道,都会引起各企业的高度重视,以此为鉴,择优而学。

新闻媒体除了对相关信息进行披露,在监督方面也发挥着重要作用。消费者与生产者之间存在着信息不对称,政府监管受资源技术限制,这时新闻媒体作为第三方介入,极大地弥补了消费者、政府监管的不足,新闻媒体效率高、真实新鲜、时效性强,引导舆论,引起社会关注,促使政府加强监管,进而推进企业社会责任。回顾已经发生的重大事件,新闻媒体先行报道,政府监管随之而来的例子屡见不鲜。

(4)教育科研推动。

教育和科研的深入补充企业社会责任理论,传播企业社会责任意识,加强企业社会责任实践系统,对企业社会责任履行有巨大的推动作用。高校和科研机构不断在进行对企业社会责任的课题研究,概念界定、影响因素、评价指标、实施路径等在不断更新,为企业社会责任提供更多的理论依据,也证实企业社会责任履行的重要性及必然性。

除此之外,传播企业社会责任意识,教育是最好的方式,在各大教育机构开设企业社会责任相关课程以及进行相关主题讲座,在各企业举行企业社会责任相关会议。充分学习了解了理论知识,才能付诸实践,形成教育实践长效机制,激发主体活力,促进企业社会责任履行。

3.2.3 企业推行分析

政府、社会的推行属于外力作用,企业作为社会责任履行主体,其内化作用必不可少,企业自身拉动意味着成本增加和被动抵制,这要求企业有着长远的战略目光,将企业社会责任纳入自身经营发展中。企业在对社会责任的推进中主要从四个方面入手:强化社会责任理念、规范企业治理机构、完善信息披露程序、加大企业实践力度。

(1)强化社会责任理念。

大量事实证明,只有积极履行社会责任的企业才是具有竞争力与生命力的企业,只注重利润,而忽视产品质量的企业终究难以长久发展,这就要求企业自律自重,以科学经营为理念,理清内外部关系,争当负责任的"企业公民"。重点就在于加强企业社会责任理念,让企业自身了解社会责任的作用机制,企业履行社会责任付出一定成本,但获得企业美誉度、增加消费者满意度、提升企业竞争力,从长期视角来说,有利于企业可持续发展。此外,企业在追求利润的同时,对员工、消费者、社区、政府等所有利益相关者负责,考虑企业发展的同时,保障企业员工的合法权益,注重消费者的健康安全,实现工作成果共享,企业方能长期发展。

随着对企业社会责任的重视,企业对履行社会责任本身持肯定态度,并从中获得满足感,一些亏损企业也主动参与其中。越来越多的企业深刻地认识到社会责任是企业的战略使命,是提升管理能力、企业生命周期的有效途径,也是衡量企业价值的指标之一。企业在其生产经营过程中提升企业社会责任意识,持续强化社会责任理念,以此实现企业社会责任的整体推进。

(2)规范企业治理机构。

治理机构是体现一个企业优劣、权力分配的决策机制,高端有效的治理机构有助于企业的生存发展,是企业履行社会责任的重要推手。科学、高效、规范的企业治理机构是保证企业在日益竞争激烈的市场中立足的重要前提,有效地整合人力资源、物质资源,实现资源最优配置,达到制衡,保证企业社会责任的积极履行。

典型的治理机构主要由股东、董事会、监事会、经理层组成,其四者相互制衡,明确各自职责,确保企业顺利运行。治理机构又分为外部与内部治理,外部主要是指企业外日常经营利益相关者对企业的作用机制,是企业内部治理的有效参考,健全完善的内部治理机构对企业有着极强的激励与约束作用,内部与外部治理相结合,共同推进企业社会责任的履行与披露。整合焦珊珊(2014)关于治理机构对企业社会责任影响的研究可得内部治理机构与企业社会责任作用机制大致如图3.3所示。

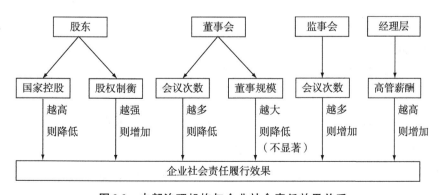

图3.3 内部治理机构与企业社会责任效果关系

规范的企业治理机构不仅促进企业自身良性发展,还能够避免违法行为的发生,优化企业内部环境,保护职工、消费者的利益,保证资源要素的合理分配利用,形成企业内部制衡机制,使企业社会责任落到实处。

（3）完善信息披露程序。

互联网的持续发展,使企业的经营环境越来越透明化,企业社会责任的信息披露环境也更加公开公正。其最具影响力与代表性的是企业自觉发布企业社会责任报告,报告以其履行社会责任的内容、理念、方式为核心,并对其进行综合整理、分析、反馈,对企业近期的行为进行披露评价,既表现企业的公正透明,也达到与所有利益相关者多维互动的目的。对信息披露程序的完善,意味着企业能够更加便捷、更加有效、更加快速地知道自身的不足,也是企业自我监督的一种方式,能够高效地推动企业社会责任实现。根据2008—2018年《中国企业社会责任报告白皮书》相关数据可知企业社会责任报告发布情况,历年中国企业社会责任报告披露呈逐年上升趋势,且相关数据表明民营企业所占比例不断攀升。2018年,民营企业报告数量占比首超50%,逐渐成为企业社会责任履行披露主力军。中国企业社会责任报告还存在许多不足之处,无论是数量还是质量都有很大的上升空间,以2018年为例,2097份报告中,有65.7%的报告未进行任何外部评价或内部保证,可靠性有待提升,报告数量总体提升,仍可保持继续增长。

企业社会责任报告的发布进一步完善了信息披露程序,是推动企业社会责任履行的外在动力,有利于树立企业的良好形象,增加消费者满意度,同时有利于招商引资。因此,发布企业社会责任报告激励更多企业履行社会责任,会让企业自身得到更好发展。

（4）加大企业实践力度。

企业在社会责任的实践主要体现在慈善捐助、环境保护、就业保障、产品优化等方面。

一是慈善捐助。民营企业是中国慈善捐助的重要力量,越来越多的企业都主动投入慈善事业,积极履行社会责任。无论是天灾还是人祸,企业都主动开展捐助活动,帮助别人渡过难关的同时,也打响了自己的口碑。

二是环境保护。随着经济高度发展,而环境资源锐减,雾霾、水污染、土地荒漠化、大气污染等问题频繁发生,给企业乃至整个社会敲响警钟,环境保护提上日程。节能减排、绿色低碳逐渐成为企业发展理念,越来越多的企业将环境保护工作纳入发展理念体系讲究发展的同时,减少污染排放,绿色生产,以推动环境保护方面企业社会责任的履行。

三是就业保障。员工作为企业的一员,是企业必须承担的社会责任,在就业形势日益激烈的情况下,减薪、裁员、加时成为企业减少成本的重要手段,但越是这种时候,越是考验企业对社会责任的承担。企业保证就业,关心员工,就是企业履行社会责任的表现。

四是产品优化。企业提供市场所需的产品及服务是企业最基本的社会责任,随着时代不断发展,企业竞争日益激烈,企业的产品优化意识不断增强,不再满足于仅仅提供所需产品和服务,而是致力于提供优质产品与服务,将质量作为企业取胜的关键,打响中国企业口碑。

3.3 营商环境分析

3.3.1 营商环境现状

近年来营商环境的建设受到政府的重视,不断出台各项有利于营商环境的政策和措施。民营企业的营商环境不断改善,特别是在政商环境、法治环境与市场环境三个方面。据《山西省民营企业社会责任报告》统计数据显示,2019 年认为营商环境有明显改善或一定改善的比例超过 80%。自 2003 年世界银行发布第一份营商环境报告以来,到 2019 年为止,我国企业营商环境总体得分为 73.64 分,相比十余年上升了 34 位。营商环境在不断优化的同时,其成效表现在以下三个方面。

(1)不断出台优化营商环境的政策。

首先是"放管服"政策的大力推行,特别是税制改革,实行营改增等多个税务措施。其次是具体多个营商环境优化政策的推行。2019 年 10 月 22 日出台《优化营商环境条例》,从国家层面确定优化营商环境的大政方针,从而使优化营商环境进一步深化。同时,政府也围绕市场主体关切,在企业准入、税收以及开办贸易等方面出台了一系列优惠政策。持续优化政务服务水平,提高简政放权的能力。为了给企业提供更为广阔的竞争空间,政府放开市场主体限制,为企业提供开放公平的营商环境。

(2)不断推进集约化营商环境的形成。

近年来,随着我国政府办事效能和效率的不断提升,我国企业审批各项手续的程序和时长明显降低,但企业办事难和办事慢的现象仍有存在。因此,为了使政府提高工作效能,缩短审批流程,促进高效化、集约化营商环境的形成。我国政府在2019年又出台了一系列规定,为政府审批事务进行统一的标准和时间衡量,减小政府的自主权,增大企业的自由度。仅仅2019年,1月新税法实施,中小企业减税降负,4月下调税务增值税率,12月颁布的条例更为税务规定提供了法律方面的保障。这一系列的营商环境大力改革制度充分增加了市场主体的活力,同时也促进了营商环境更为优化。

(3)不断加强法治化营商环境的保障。

营造优良的法治环境,对营商环境的建设十分重要。法治化营商环境是市场经济的内在要求。2019年2月25日,习近平总书记在会议上强调,要完善法治建设规划,提高立法工作质量和效率,保障和服务改革发展,营造和谐稳定社会环境,加强涉外法治建设,为推进改革发展稳定工作营造良好法治环境。因此我国政府颁布营商环境优化条例,为营商环境的优化提供了强有力的法治保障,在法治的框架内保证营商环境进一步优化。坚持履行决策法治化、透明化,严格公正执法,为优化营商环境提供信用保障。

3.3.2 营商环境存在的问题

营商环境的优化是一项系统工程,虽然我国营商环境在多年的发展中已经有了质的飞跃,但在践行过程中仍然存在一定的问题。

(1)我国营商环境与世界发达国家相比还存在一定的差距。

根据2019年世界营商环境报告来看,虽然中国的排名前进了40多个名次,总排名位于世界43名,但中国营商环境发达国家的差距还比较明显,营商环境各项指标发展不平衡(见图 3.4),特别是在合同执行、登记财产、办理破产和信贷等金融服务方面不完善。

(2)税收政策落地难,执行成本较高。

我国现行税种近 20 种,税收税率、时限等各项规定由全国人民代表大会立法统一规定,但落实到地方各部门则需要根据不同的情况划分,因此随着各地情况复杂多变,税收文件也就错综复杂,增加了纳税人的执行难度。

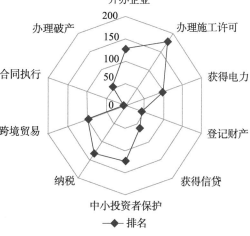

图 3.4 2019 年中国营商环境指标雷达图

3.4 本章小结

本章从营商环境与企业社会责任履行现状、推进机制以及营商环境履行三个方面进行阐释。通过分析营商环境与企业社会责任现状的优劣,展示出国内营商环境与社会责任的真实情况,以及将推进机制分为三个角度来阐述,细化推进机制的逻辑过程,为下文理论假设与数据支持提供一定的理论铺垫,佐证论题的阐述。

第4章　理论框架和研究假设

第3章根据相关理论研究,如利益相关者理论、协同治理理论、资源依赖理论、制度变迁理论、可持续发展理论对营商环境与企业履行社会责任的履行现状进行分析,并从政府、社会、企业三个视角分别对企业社会责任推行机制进行研究。基于此,构建在经济环境不确定下营商环境整体优化对于企业社会责任履行水平影响的作用机理图,进一步进行理论分析和实证检验。本章主要从理论框架构建和研究假设进行分析和假设,为后文实证分析提供经验证据和理论依据。

4.1　理论框架

4.1.1　理论基础

本书基于利益相关者理论、协同治理理论、资源依赖理论、制度变迁理论及可持续发展理论提出为促使民营企业更好地履行社会责任,防范企业在社会责任履行过程中存在的风险,需要从法律制度、金融服务、政务环境等方面入手来优化营商环境满足民营企业发展需求,提升企业的社会满意度和明确企业自身责任,从而提高市场的可预期性,促使企业更加积极地履行社会责任。企业社会责任的有效履行有利于营商环境的优化,提升所在区域的外资吸引力,增强区域发展潜力和活力,提高企业抗风险能力,使得企业能够在激烈的市场竞争中更好的胜出。

本书在探究与总结区域营商环境的整体优化和建设过程对民营企业履行社会责任的促进作用的基础上,对营商环境和企业社会责任概念进行再次界定,综合中外关于营商环境和社会责任研究成果,在理论基础上进一步延扩,明确营商环境的优化理论研究对于民营企业责任履行的意义,并具体分析了企业社会责任的履行现状和营商环境的优化对企业社会责任的推进机制。

通过2018年中国分省份市场化指数报告对当前民营企业发展状况的信息数据进行收集,提出影响营商环境的五个指标,分别为法治环境、金融服务环境、政务环境、非国有经济投资环境、技术创新环境,探究营商环境各项指标的优化对于企业绩效水平和企业履行社会责任影响的相关性。

4.1.2 研究意义

探索企业社会责任的根本意义在于促进政府加大力度营造更有利于企业发展的营商环境以及推进企业把履行社会责任融入企业发展战略全过程中,并落实到生产经营的各个环节、各领域,逐步建立和完善企业履行社会责任的内外部预防机制,为企业履行社会责任提供坚实的基础与保障。在民营企业的发展过程中,所处经济环境的不确定性在不断增加,民营企业既要在经济风险中生存下来,适应社会发展,同时履行社会责任也尤为重要,承担社会责任是企业应对竞争并增强自身实力的一种重要的战略适应行为。营商环境与企业社会责任存在哪些关联,企业为何要主动履行社会责任,怎样履行社会责任,企业社会责任的履行和企业发展有哪些关联,在当前经济转型与产业升级的背景下,这些问题的探讨对企业的生存和发展具有重要的意义。

4.1.3 企业社会责任相关文献综述

随着社会和经济环境越来越复杂,特别是近几年国际贸易环境使得更多的企业转向国内市场,国内营商环境的整体优化也成为政府当前面临的重要课题之一。政府所要实现的根本目标是促使企业社会责任履行整体效力提升,营商环境的优化是促使社会责任履行的重要举措之一。但不可否认的是,企业作为营利组织首要目的是在市场竞争中提升其生存能力,追求更大的经济效益,因此将追求经济效益与履行社会责任之间构建传导机制是非常重要的。

目前,国内外相关专家学者对企业社会责任宏观理论研究已经取得了较大的进展。国内学者雷杰、李蕾蕾、何存英(2008)通过研究企业社会责任的经济学依据,指出:一企业社会责任行为源于企业经济行为的负外部性,提出企业主动履行社会责任的合理性;二为了提高经济绩效企业应承担相应的社会责任,将企业社会责任履行与企业绩效相挂钩。徐鹏杰(2010)通过国外企业信息披露为视角,研究发现:编制独立的企业社会责任报告是西方国家社会责任信息披露的主要形式;政府通常以制定法规、准则的方式促进企业社会责任信息披露,形成社会责任信息披露准则,并逐步规范披露方式,提高披露的真实性和翔实程度。王兴明(2013)从政府、公众、企业三层次来研究企业社会责任的推进机制,把企业社会责任视为企业可持续发展的前提条件。李琨(2013)从发展共赢的角度考察了中小企业的社会责任履行情况,认为在市场竞争加剧的情况下中小企业结成联盟,有利于增强履行责任的能力,同时有利于提升企业市场竞争力。邓宏亮(2016)研究表明:民营企业可持续发展能力增长率与企业社会责任呈较显著的正相关性。王杭芳(2018)通过对本区域百余家企业的调查研究与数据分析,发现合理的企业社会责任会提高企业绩效,尤其是企业的组织绩效,从而使企业更积极主动地去承担社会责任,形成一个良性循环,促进和谐社会的形成。孙琪(2020)指出,企业主动积极地承担社会责任,可以为企业赢得良好的社会信誉,增强企业的竞争力,促进企业做强做优做大。有国外学者(Ridley et al.,2011)认为,企业内部机制诱导了有效的企业社会责任活动,通过增加企业的收入来提高企业价值,从而提高企业的声誉,同时企业越积极地参与企业社会责任活动,股东与其他利益相关者之间的利益冲突就越少。学者(Rjiba et al.,2020)研究发现,企业社会责任投资多年来积累的社会资本抵消了经济政策不确定性对公司财务业绩的负面影响。因此,在社会伦理的大背景下,研究的目的是如何使得企业自身利益与社会责任之间形成经济一体化,即企业履行社会责任的主动性越高对于其自身利益和企业发展水平越有利。将社会责任与企业利益进行联结需要将政府从社会责任的主导者向企业作为社会责任的主导者进行转化，即政府扮演成为社会责任的维护者，这对于整个市场营商环境的优化和企业履行社会责任的推进机制都具有促进作用。因此，如何正确地将企业责任伦理与企业自身经济利益水平进行一体化联结是优化营商环境问题的关键所在。

一般地，在企业经营活动中，企业普遍认为履行社会责任势必需要增加企业经营成本，这与企业追求自身利益最大化的原则相违背。随着对企业社会责任履行与其经济效益关系研究的深入，发现企业社会责任的履行与其经济效益水平的提升具有相互促进的关系，即企业履行社会责任越高其经济效益越高。并且随着社会对企业履行社会责任的要求不断提高，企业作为产品的提供者，在消费者心里的地位直接影响其产品销售水平。徐莉萍等学者（2019）基于利益相关者理论指出，企业社会责任促进了企业绩效，企业社会责任缺失行为抑制了企业绩效，但企业社会责任缺失行为增强了企业社会责任对企业绩效的促进作用。刘颖然（2020）研究表明，企业履行社会责任，不仅能提升企业声誉，还能保障利益相关者的权益，最终体现在企业财务绩效的提升上。这一理论为企业承担社会责任找到了动力和理论支持，为我国进一步构建企业社会责任评价体系、推动企业履行社会责任提供了理论支持。

随着经济全球化趋势的逐步加快，商业竞争日益加剧，中国企业"走出去"和"一带一路"倡议的实施，企业之间的竞争方式已经由原来单一的经济战略扩展到了企业品牌形象的树立、企业文化之间的激烈竞争。企业的经营理念与方式发生了较大的变化，商业伦理的国际化趋势也越来越明显。企业的伦理建设、文化建设、社会责任形象建设不仅影响着企业的生存、发展和竞争力，而且还关系到我们整个国家和民族的形象和声誉。由此，探究优化营商环境对于企业履行社会责任，推进我国企业国家品牌、民族品牌的树立具有重要意义。同时，还要考量在未来全球深度融合的趋势下，中国的企业社会责任机制如何推进？如何通过优化营商环境来促进企业社会责任更好地履行？如何把责任伦理作为企业的战略来赢得市场竞争力水平的提升？国内外学者针对这些问题也进行了一系列研究,如刘藏岩(2008)主要从政府推动、社会推动、法治推动和利益拉动四个方面建立中国民营企业社会责任推进机制,以期借助机制的长效推力解决中国民营企业社会责任存在的问题,为政府实现长效管理、民营企业健康发展,提供支持。冯梅与范炳龙(2009)认为只有适合中国经济发展存在多方面的不平衡的基本国情的推行机制才能有效。中国社会责任推行机制需要妥善解决好企业盈利与履行社会责任的问题,充分发挥政府在社会责任推行机制中的导向和规范作用。2016年科尔克(Kolk)在《世界商业期刊》(JWB)研究了过去50年来的国际商业文献,从历史角度提出如何解决社会责任问题,主要研究三个子主题:环境;道德,权利和责任;可持续发展,以及它们之间的内在关系,从而建立一套完善的机制来推进社会责任的履行。纽曼(Newman,2020)从企业社会责任在企业层面的生产效应角度,通过使用5000家越南企业的代表性样本,创建12种定量的企业社会责任度量,将其分为与管理和基于社区的企业社会责任倡议相关的两大类。发现企业社会责任倡议的采用与企业效率之间存在正相关关系,并揭示出对非竞争性行业企业的影响更大。韩凤侠(2020)指出,企业遵循良好的商业伦理,履行必要的社会责任,不仅是企业自身长远发展的需要,也是维系整个社会和谐和持续发展的需要。何宏伟等学者(He et al.,2020)通过研究有关Covid-19(新型冠状病毒)大流行对于企业社会责任的一些初步影响,指出Covid-19大流行为企业提供了一个机会,使其朝着更真实的企业社会责任迈进,并有助于应对紧迫的全球社会和环境挑战。还指出由于大流行而将消费者道德决策转移到的一些潜在方向,即消费者对履行社会责任的企业更具好感。

通常,企业社会责任的履行涉及外部规则和内部规则,两者紧密联系,共同产生作用。这是由于企业经营所涉计的范围广、对象多,具有全局性和长远性等特点,在企业经营过程中,包括战略的调整、决策的制定都需要综合考量企业内外部环境等特点,对于企业履行社会责任影响研究,有众多的学者从企业内外部环境因素、内外部成因等方面研究社会责任推进机制。学者唐亮等(2018)对企业社会责任推进机制进行研究,并将企业社会责任推进机制与内外部环境相结合,分别从外部规则视角和内部规则视角做了研究。外部规则视角,例如,法治环境、信任环境、媒体报道对企业社会责任履行的影响;内部规则视角,例如,内部控制、股权集中度和内部控制联合、董事会效率与内部控制联合对企业社会责任履行的影响。李晓(2020)从内部控制有效性的角度出发,本书分析了内部控制对创新绩效的影响以及内部控制对企业社会责任的影响,结果表明,内部控制有效性的提高对创新绩效具有显著的促进作用,并促进企业增强企业社会责任绩效。同时,企业社会责任活动在通过内部控制提高创新绩效的过程中起着重要的中介作用,因此要加强内部控制体系的建设,并改善创新绩效和企业社会责任实践。对企业社会责任推进机制的实现路径进行研究,从而完善企业社会责任的推进治理机制。由此可以看出,将企业社会责任、企业内外部环境影响、宏观微观环境影响进行分析具有一定的研究意义。

综上所述,本书以民营企业社会责任为被解释变量,以法治环境、政务环境、金融服务环境、非国有经济投资环境以及科技创新环境作为解释变量,进一步研究营商环境的整体优化对于民营履行企业社会责任的影响,其理论框架如图4.1所示。

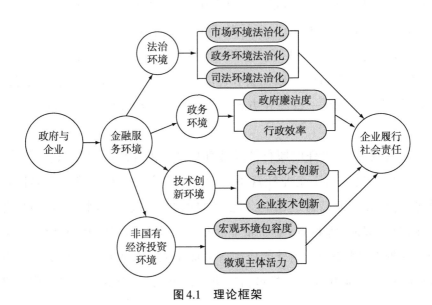

图4.1　理论框架

4.2 研究假设

4.2.1 政务环境对企业履行社会责任的促进作用

随着改革开放以来我国经济迅猛发展,中国企业为社会发展提供了大量的产品和优质服务,为人民富裕和国家富强作出了巨大的贡献。经济全球化的时代浪潮下,我国政府在建设具有中国特色社会主义市场经济中,将企业社会责任的概念也进一步普及,并提出"科学发展观""美丽中国"等理念。中国企业在走向国际化的同时,政府也在与国际接轨,在促进中国特色社会主义市场经济构建的同时,进一步主导企业社会责任的推进来优化营商环境。

中国企业社会责任建设开始得较晚,政府推进社会责任机制尚缺乏一套完整的标准和体系建构,更多的是在政策制度上对企业形成激励和约束措施。近些年,随着我国法治化进程的进一步发展,政府"简政放权""阳光政务""放管服"等改革措施的进一步优化营商环境的决策部署,落实好党中央关于扩大非公有制企业市场准入、平等发展等改革措施,通过政府内部改革来引导、支持非公有制经济的发展,构建完善政策体系。潘孝珍和傅超(2020)认为,企业履行社会责任有助于提升社会福利水平,通过对政府审计对企业社会责任表现的影响效应进行实证研究,结果表明:在法治环境好、流通股比重高、企业所得税税负轻的条件下,政府审计对上市公司的社会责任促进作用更加明显。因此,要及时公开政府审计结果,提高各地区法律制度环境,完善企业社会责任的税收优惠政策支持体系,提高企业履行社会责任的能力。全国政协十二届四次会议提出形成"'亲''清'新型政商关系",是完善社会主义市场经济体制的内在要求和构建公正、公平市场环境和政治生态的必然要求,要在"有交集不能有交换,有交往不能有交易"的前提下,健全党政干部与非公有制经济人士沟通机制。有学者认为,深化政府行政管理体制改革,是优化营商环境的治本之道。政府部门权责混乱、相互推诿,行政事务审批效率低下,政策难以形成连贯性且不确定性增加,企业进入、经营、退出缺乏切实可行的政策程序规范等一系列问题不利于优化营商环境。

政务环境对企业社会责任履行的影响主要体现在两个方面:一是政府自身的廉洁程度对企业社会责任履行的影响;二是政府构建的政治生态环境对企业履行社会责任的影响。通常,政府自身廉洁程度的高低会直接影响企业社会责任的履行。罗赟(2019)指出,地方政府能够公正、公平、高效地办事,就是一个地区最重要的营商环境。一个廉洁高效的地方政府,对企业的吸引力非常大。企业社会责任机制的整体建构首先体现在企业领导者自身的道德水平及对社会环境的责任心。其次,体现在企业所属地域政府整体环境廉洁程度。政府廉洁环境整体处于下行趋势时,企业更愿意将利益资源投放在与政府机构的关系维护上,更多的发展为企业和政府的"双向寻租"。

政府构建的政治生态环境间接地影响企业社会责任的履行。孙礼(2019)通过以政治生态与营商环境为研究对象,提出政治生态是营商环境的前提基础,营商环境是政治生态的具体反映,并以国家发展、社会治理现实为依据,尝试为政治生态的修复及健康营商环境的塑造提供理论依据,为经济社会的健康有序发展、助推建构良好的营商环境提供实践探索,营商环境的优化水平也会促进企业社会责任的履行。相比政府自身廉洁程度的高低对企业社会责任产生的直接影响,政府所构建的政治生态环境对企业社会责任会产生潜在影响,并且这种影响会产生更为"政治生态的代际传递",即对后续政府领导班子和企业营商环境的选择产生更为重要的影响。良好的政治生态是优化营商环境的重要前提,同时改善政风需要营造良好营商环境。政府在对市场进行有效调控和规制的过程中,无论是通过经济变量参数还是通过行政立法手段,都会对市场行为主体产生影响,即包括市场主体行为的变化和政府与市场两者之间的动态博弈水平的再次调整。市场经济主体并非盲目被动地接受政府调控,而是对政府政策进行二次解读,试图寻求"潜在官方话语",这势必会形成政府和市场主体双方博弈的态势。

因此,提出以下研究假设:

H1:政务环境越完善的地区,民营企业履行社会责任越好。

4.2.2 法治环境对企业履行社会责任的促进作用

法治是现代文明推进的基础。法治作为规范市场秩序的手段之一,有助于维护市场经济秩序,减少市场交易的不确定性和降低制度化交易的成本,通过市场主体契约关系在法律范畴内的认定,交易主体自身利益得到切实可靠的制度化保护。与此同时,法治环境的优化是减少政府失灵的重要一环,市场经济的高效运作与政府干预手段和强度有着密切关系,学者郭清梅(2020)认为,法治化水平已经成为衡量一个地区营商环境的关键指标,要发挥立法引领作用,构建完善的法治体系;要坚持公正文明执法,保障市场主体合法权益;要规范政府和市场的边界,构建"亲、清"新型政商关系。改革开放以来,随着经济体制的不断深化改革,中国特色社会主义市场化经济已经确立,伴随着市场化的不断改革发展,法律制度作为维护国家和社会的重要规则,成为中国特色社会主义市场经济建立的必然要求。

自改革开放以来,我国在推进法治化的进程中,陆续出台相关政策来保护和制约相关市场主体行为,如《中华人民共和国公司法》对企业权益和行为进行法理上的明晰和确认,《中华人民共和国消费者权益保护法》对消费者的合法权益明确规定等。法律制度作为维护市场机制有效运作的基石,具有普遍性、强制性、稳定性和强制性等特征,在遏制市场交易主体违规行为中达到可置信程度,进而促使交易双方所订立的契约得到有效的实施。同时,法律制度在约束政府对市场主体的过度规制方面具有显著优势。政府在进行经济调控来弥补市场缺陷、营造良好的经济环境、推行公共规制政策的过程中,经济效率没有改善甚至加重政府规制失灵。政府规制失灵是在市场经济条件下政府为克服市场失灵时引起的另一种缺陷。甘卫斌(2013)指出,转轨时期的市场失灵与政府规制失灵并存问题,是我国计划经济体制的烙印及现阶段市场机制与政府规制磨合的集中反映。在尊重市场规律的基础上发挥政府作用,通过转变政府职能构建有限政府,是消除政府规制失灵的关键,也是经济体制改革中处理好政府和市场关系的核心。政府规制失灵是政府行为难以监督、行为效果难以测量造成的监督制约机制的不完善,以及政府行为所具有的固有扩张性所致。避免政府规制失灵的重要措施:一是放松规制,即政府取消和放松对自然垄断或其他产业的进入、价格等方面直接的行政、法律监管以达到对政府规制失灵的矫正。二是对政府干预范围进行严格立法。放松政府规制必须以立法为先导,使政府规制体制改革有明确的法律依据和实施程序。

处于转型经济环境中的中国,法律制度的不完善及法律实施效力区域的不均衡是其重要的特征之一。法律制度不健全的地区,整体营商环境水平呈下行趋势,从而导致企业在履行社会责任时存在较大差异。

因此,提出以下研究假设:

H2:法治环境越健全的地区,民营企业履行社会责任越好。

4.2.3 技术创新环境对企业履行社会责任的促进作用

技术创新环境是深化"放管服"以来,政府着力建设的重点。技术创新环境的建构首先需要政府的介入和调控,将民营企业既作为技术创新环境的享受者也作为技术创新的建构者。技术创新环境从狭义来看,包括政府和社会公众所提供的人才团、人才链,同时也包括技术资源的组合。技术创新从广义来看,包括政府和企业共同创建的开放、包容式的技术创新发展的社会氛围。民营企业的发展既需要包容、开放的外部环境,也需要提升自身抵御技术变革风险的能力。市场经济的发展已经进入了以技术作为核心动能的主导经济,这势必给市场主体释放更多的信号,即技术创新成为企业生存的必要条件。赵彦普(2002)认为,区域创新环境有利于吸引和利用外资,是转变经济增长方式的关键。并指出,营造区域创新软环境,即建立在区域企业间,以及企业与科研机构和行政机构长期合作基础上的稳定关系。国外学者研究表明,技术创新环境与企业生存能力存在正相关关系,技术创新环境所带来的社会创新氛围更能吸引外资注入和优质企业的迁入(Sharapov et al.,2011)。余晓阳(2013)认为,企业社会责任与企业绩效存在着正向关系,企业履行社会责任能改善企业的经营绩效。林倩(2019)认为,企业技术投入与企业绩效呈明显正相关关系,高新技术行业尤为突出。企业经营绩效的提升会更加提高企业社会责任的履行能力,这种"双向互进"的传导机制更加促进政府和企业共创、共建技术创新环境。

技术创新环境的整体优化,其作用表现在:首先,技术创新环境的建构,能激发民营企业整体创新热情,加大技术投入,提高企业的技术水平和区域竞争力。核心技术的投入,能提高企业的盈利能力,更好地满足利益相关者的需求,促进社会责任的履行。因此,要切实构建技术创新环境和创新社会氛围,提高民营企业履责的积极性,相比高区域技术创新环境和创新社会氛围,低区域技术创新环境会弱化企业对社会责任的履行。

因此,提出以下研究假设:

H3:技术创新环境建设越好的地区,民营企业履行社会责任越好。

4.2.4 金融服务环境对企业履行社会责任的促进作用

党的十九大明确提出,要"深化金融体制改革,增强金融服务实体经济能力"。更好地服务实体经济,促进金融与实体经济的良性互动是今后金融发展的目标任务。金融是现代经济的核心,提高金融服务实体经济的质量和水平,是推动当前经济与金融协调健康发展的重大举措。金融环境体系的整体优化,势必要从金融体制机制建立健全入手,金融体系法律法规的健全,多层次资本市场的完善,有利于提高直接融资比重。郭珊杉(2022)认为,金融是经济的血脉,金融发展和地方经济发展唇齿相依。我们既要防范金融风险,更要提高金融服务水平。金融发展的整体水平对于中小银行的发展,特别是民营企业融资提供了更大便利。

在金融服务体系发展较好地区,社会信用体系更为完善,已形成各部门信息共享的信息库,为金融机构信贷提供了切实可行的参考指标,也为金融各监管部门提供了系统准确的信息化服务。信用制度建设的同时,将信用评级和失信惩戒机制进行广泛宣传,营造社会氛围,进一步填补了法律对于信用监管的空缺,弥补了法律空白。十九大以来,普惠金融制度体系的构建已经取得了一定成果,金融监管机构也出台了关于普惠金融制度建设的相关意见。随着政府、中小银行、企业三者政策上和经济上的往来增加,信息共享成为常态,信息成本将进一步降低,民营企业履职支出将会成为企业支出的重要部分。

在金融服务发展较差的地区,民营企业与银行和政府信息共享程度低,银行自身信息不公开。政府政策导向不明确,民营企业始终处于信息不对称环境中,信息获取成本高,将更多资源投入信息获取和解读中,势必对社会履责支出减少,从而弱化民营企业的履行社会责任的意愿和能力。因此,要进一步优化金融服务环境,使得金融市场化改革不断深入,为民营企业发展提供更好的金融服务,提供更为便捷高效的资金支持,并提供更多贷款优惠,增强民营企业的竞争力,降低民营企业融资成本,增加民营企业社会责任支出。

因此,提出以下研究假设:

H4:金融服务环境越优良的地区,民营企业履行社会责任越好。

4.2.5　非国有经济投资环境对企业履行社会责任的促进作用

非国有经济是指由非国有控股的股份制企业、城乡个体工商户和私营企业、城镇集体所有制企业及海外在华独资企业组成的国民经济活动的总和。国内学者韩凌云(2000)研究认为社会主义市场经济体制为非国有经济的发展创造了良好的条件。在固定资产投资领域,随着非国有经济投资的发展壮大,长期以来国有经济投资一揽天下的局面逐渐被打破,形成投资主体多元化的格局。莫龙炯、景维民(2020)研究发现,非国有经济规模与经济高质量发展总指数呈显著"U"形关系,混合所有制改革引入非国有经济有助于中国经济高质量发展。

随着社会主义市场经济的发展,非国有经济逐渐成为推动中国经济快速发展的重要力量。目前,非国有经济也是中国就业的主要载体。非国有经济整体发展水平的提高为民营经济发展创造了更好的空间布局。史坤博(2017)通过研究非国有经济发展的空间特征指出,经济市场化导向的制度改革是中国非国有经济发展的根本动力,制度供给、市场化及全球化等共同推动了非国有经济的发展。由此可以看出,非国有经济整体发展水平处于不断提高的趋势,且这种趋势伴随着市场化改革的深入、全球化经济发展的融合及政府政策上的扶持等因素的发展而变化。

政府所提供的宏观环境的整体优化是非国有经济发展的前提,在政府政策倾斜和市场化改革的过程中,金融服务体系的完善、法治环境的整体构建,使得非国有经济发展更加迅速。市场化改革的深入给了市场主体可靠的经济预期,同时增强了投资信心。政府和企业作为宏观环境下的两大主体,从原来的单一角色变为多重角色,即政府由市场经济的监管者转变为市场环境的维护者和构建者;企业由市场经济的经营者也转变为了市场环境的维护者,即追求经济效益的同时,更多地兼顾社会效益。这种角色转化是由于非国有经济宏观环境的整体优化,企业可以从中获得更多的经济效益,从而促使企业将社会责任的履行和社会效益纳入其经营管理的目标之中,进而使企业和政府共同成为市场秩序的维护者。因此,民营经济发展的宏观环境整体的优化使得民营经济在有序、高效的经济秩序下取得更可观的经济利益,增强了其对营商环境的依赖度,促使企业增加社会责任支出进一步优化营商环境。

因此,提出以下研究假设:

H5:非国有经济投资环境越好的地区,民营企业履行社会责任越好。

4.3 本章小结

首先,本章结合相关理论研究特征,根据国内外已有的研究结果,选择五大指标,分别是:政务环境、法治环境(市场环境法治化、政务环境法治化、司法环境法治化)、金融服务环境、技术创新环境、非国有经济投资环境等作为检验营商环境的优化水平对于民营企业社会责任履行的促进作用。

其次,在此基础上,通过查阅2010—2020年相关理论研究,检验营商环境优化水平对企业社会责任履行情况的影响,在多维度研究文献中发现营商环境作为企业生存的首要环境,其发展水平对企业社会责任履行情况具有显著影响。具体而言:第一,在宏观环境方面,发现政务、法治、金融、创新以及非国有经济投资环境越好对民营企业社会责任履行具有直接推动作用。第二,在微观环境方面,发现企业社会责任感等内部控制对企业履行社会责任的影响具有明显作用。

最后,企业社会责任的推进动力机制主要是在企业内外部制度环境共同作用下,通过企业自身决策共同形成的。本章认为,营商环境的整体优化对于企业社会责任履行的影响存在如下两个问题:第一,在法治环境更完善和政务水平较高的地区,企业必须遵循相关法律规定进行生产经营活动,企业为了生存和发展必须关注企业与企业之外的主体之间的关系,履行社会责任的情况会更好;金融服务环境、技术创新环境对于企业社会责任的影响,相对于传统行业,对金融、科技等新兴行业影响更大,即对于行业特征不同的企业而言,其影响存在显著差异;非国有经济投资环境是影响民营企业发展最为直接的环境,投资环境的优劣依托政府宏观政策和经济制度整体导向。第二,企业社会责任的履行不能采取"一刀切"的方式,应考虑企业所在地区的行业特征以及不同地区营商环境发展的差异性,优先优化具有良好社会效益的营商环境,可以带动所在区域经济效益的提高。

第5章 实证分析

前文的研究表明,营商环境的优化对民营企业社会责任的推进具有积极的促进作用。本书借鉴前人的研究成果,将营商环境划分为政务环境、法治环境、技术创新环境、金融服务环境和非国有经济投资环境这五个维度进行研究,并且提出这五种营商环境对民营企业社会责任的履行有促进作用。本章选取部分样本,在进行描述性分析、相关性分析之后,根据F检验和Hausman检验的结果,构建固定效应模型进行回归分析,并且对样本的稳健性进行检验,最后分行业和地区进行异质性检验,得出实证研究的结论。

5.1 样本选择与数据来源

考虑到数据的完整性和可得性,本书选取被和讯网纳入评级体系的沪深两市民营上市公司作为研究对象,将其披露的企业社会责任情况作为样本数据。参照前人的研究成果,本章对样本数据进行以下四个方面的筛选:(1)剔除金融保险类上市公司,因为金融保险类上市公司的会计核算标准与其他企业存在较大差异;(2)剔除数据不全的公司,有些刚上市的公司,没有本研究统计区间前几年的数据,故将其剔除;(3)剔除ST公司,因为这些公司的经营异常,财务和股票交易情况异样。(4)剔除信息不健全公司,因为在本研究中,采用企业所处省份的五种营商环境数据来代表企业的营商环境状况,所以需要将不确定所在省份、地方政府人事稳定性信息不完整的企业剔除。为消除极端值的影响,使数据处理的结果更加可靠,对本书中用到的数据进行缩微处理,在连续变量1%和99%分位做处理,对于小于1%的数据用1%的值赋值,对于大于99%的数据用99%赋值。

本书选取了403个民营企业,研究2012—2016年这些企业社会责任的履行情况,总共得到了1992个样本参与回归。政务环境、法治环境、技术创新环境、金融服务环境和非国有经济投资环境相关数据来源于王小鲁、樊纲等编制的《中国分省份市场化指数报告》(2018)。这本书是国民经济研究所的课题成果,对过去一个时期我国各个省、自治区和直辖市的市场化改革进展的总体情况及不同方面的进展进行评价,能够体现各个地区的营商环境。控制变量的数据来源于 CSMAR 数据库,在数据处理软件的选择上,本书运用Stata15.0软件进行统计和回归分析。

5.2 变量选择

本书变量选取遵循科学性、合理性、综合性、可行性等原则,结合我国民营企业的具体情况取了5种营商环境作为解释变量,即政务环境、法治环境、技术创新环境、金融服务环境和非国有经济投资环境,被解释变量为企业社会责任,控制变量为公司规模、财务杠杆、本年业绩、营运能力和成长能力,构建了本章的研究模型。

5.2.1 变量选择的原则

营商环境指标体系的建构应建立在定量和定性基础上,通过数据收集和指标间可比性分析,在同类指标简化、合并、归类下将其分为不同阶段指标梯度,分别对指标进行相关性分析,用来确定指标对最终企业社会责任的影响度,最终在综合考量下选出最具代表性的指标,在实践过程中,应遵循以下指标选取原则:

(1)科学性原则。指标的来源和选择,指标可信度调查、数据的收集和整理都应该建立在科学的基础上,通过反复验证下形成最终的指标体系,其真实性、严谨性都应该客观有效地反映营商环境的规律,从而为城市化进程中营商环境的优化提出切实可行的建议。

(2)合理性原则。在指标选取上,各项指标要尽可能地满足合理性原则。在指标构建上,指标体系要健全,合理分配指标维度,各维度必须与研究主题

相关,即确定与主题相关的指标,并形成全方位指标建构。为使得指标具有
更好的代表性和有效性,应该参照大量学术研究成果,咨询专业人士意见,以
确保所选指标的合理性,为进一步工作打下良好的基础。

(3)综合性原则。指标构建应尽可能反映营商环境的各方面,细致考量
各指标之间的内在联系,剔除同质指标,以多维度,综合性指标反映营商环境
的不同方面,同时也考量指标的构建与民营企业社会责任的内在联系,力求
做到综合全面。

(4)可行性原则。各指标在选取初期就应进行可行性讨论,以确定指标
数据具有可获得性或者易于处理,要切实考量理论指标和现实可行性指标之
间的差异,能否在指标构建中进行合并同类,尽可能地采用可量化的指标,对
定性指标的选取更应该进行细致考量,对于优质定性指标考虑是否能进行赋
值计算,以减少更多的主观判断。

(5)逻辑性原则。指标的建立并不是笼统的,指标与指标之间要具有逻
辑性,不能出现逻辑上的谬误,各指标都能反映某一方面全面的信息,指标的
层次更要根据研究对象的特点分层展开,要按层次的高低,设立一级指标和
二级指标,在逻辑上是递进的。

5.2.2　变量的选取

(1)被解释变量。

本研究的被解释变量为企业社会责任,借鉴贾兴平、冯丽艳等学者的研
究,本书采用和讯网公布的企业社会责任评分来衡量企业的社会责任。该评
分从股东责任,员工责任,供应商、客户和消费者权益责任,环境责任和社会
责任五项考察,各项分别设立二级指标和三级指标对社会责任进行全面的评
价,其中涉及二项指标13个,三级指标37个。不同行业权重比例分配不同:
默认情况下,股东责任权重占30%,员工责任权重占15%,供应商、客户和消费
者权益责任权重占15%,环境责任权重占20%,社会责任权重占20%。其中,
消费行业员工责任权重占10%,供应商、客户和消费者权益责任权重占20%,
其他指标权重保持不变;制造业环境责任占30%,社会责任权重占10%,其他

指标权重保持不变;服务业环境责任权重占10%,社会责任权重占30%,其他指标权重保持不变。由于和讯网公布的企业社会责任评分是根据社会责任报告及年报计算所得,对于没有披露社会责任报告的上市公司,仍能够通过年报的相关内容进行打分。我国的社会责任报告发布的数量和质量非常有限,在这种情况下,更权威、更全面的办法便是依据年报和社会责任报告的打分方法来综合衡量。企业社会责任总评分越高,说明该企业履行社会责任的水平越高。

(2)解释变量和控制变量。

根据国内外有关营商环境的研究成果,结合营商环境的内涵、特征及对营商环境现状、企业社会责任履行现状、企业社会责任履行机制进行分析。通过查阅相关文献和对营商环境数据、企业社会责任数据进行了准确详细的搜集和记录。归纳总结营商环境要素体系的构成,从理论层次定性解释了营商环境及企业社会责任相应的逻辑关系,并分析了两个变量之间的内在相关性,提出了营商环境的五大要素子环境,即政务环境、法治环境、金融服务环境、技术创新环境、非国有经济投资环境,五大要素彼此紧密联系构成了营商环境生态系统。

参考于文超、梁平汉等学者的研究成果,本书的解释变量用王小鲁、樊纲等编制的《中国分省份市场化指数报告》(2018)中的指标来衡量。分别用《中国分省份市场化指数报告》中的政府与市场的关系、企业经营的法治环境、技术成果的市场化指数、金融业的市场化指数、非国有经济的发展数据来衡量。由于在报告中仅有偶数年2012年、2014年、2016年的数据,参考徐浩、祝志勇等的做法,采用算术平均法计算奇数年的数据,这一方法可以很好地解决数据的跨年度难题。

本书借鉴徐细雄、朱红艳等的研究,本年业绩、公司规模、资产负债率、总资产周转率、成长能力都会对企业社会责任履行水平产生影响,本书将这些设定为控制变量。在本书中,size表示公司规模,规模越大的企业可能更会注重企业社会责任的履行,本研究预测该变量的符号为正;lev表示财务杠杆,lev高的企业可能会背负更大的偿债压力,则它对企业社会责任履行的关注程度可能会更降低,本书预期该变量符号为负;cur代表本年业绩,用公司每股收益来表示,业绩越好的企业,越会积极承担社会责任,本书预期该变量的符号是正。Tat表示公司的营运能力,用总资产周转率来体现,本研究预期该变量的符号为正,公司营运能力越强,其承担社会责任的积极性越高;growth表示公司的成长能力,成长能力高的公司应当具有较高的发展潜力,企业较好地履行社会责任,能帮助企业获得更大的成长空间,因此本书预期该变量的符号为正。

具体的变量定义如表5.1所示。

表5.1　变量定义

变量类型	变量符号	变量名称	变量定义
被解释因变量	CSR	企业社会责任	和讯网公布的企业社会责任报告评分
解释变量	gov	政务环境	政府与市场的关系
	Law	法治环境	企业经营的法治环境
	ino	技术创新环境	技术成果的市场化指数
	fin	金融服务环境	金融业的市场化指数
	fg	非国有经济投资环境	非国有经济的发展
控制变量	size	公司规模	期末总资产的自然对数
	lev	财务杠杆	期末资产负债率,即负债总额/资产总额
	cur	本年业绩	公司每股收益
	tat	营运能力	总资产周转率,营业收入/平均资产总额
	growth	成长能力	(年末营业收入–年初营业收入)/年初营业收入
	dum_ind	行业变量	若企业所处行业为制造业为1,非制造业时为0
	dum_pro	地区变量	若企业所处地区为沿海地区为1,内陆地区为0

5.2.3　模型设计

在对国内外有关营商环境和企业社会责任的文献进行梳理之后,得出了本书的研究模型(5.1):

$$\text{CSR}_{i,t} = a_0 + a_1\text{gov}_{i,t} + a_2\text{law}_{i,t} + a_3\text{ino}_{i,t} + a_4\text{fin}_{i,t} + a_5\text{fg}_{i,t} + a_6\text{size}_{i,t} + a_7\text{lev}_{i,t} +$$
$$a_8\text{cur}_{i,t} + a_9\text{growth}_{i,t} + a_{10}\text{tat}_{i,t} + \text{dum\_pro} + \text{dum\_ind} + \xi_{i,t} \qquad (5.1)$$

其中,i 和 t 分别表示企业和年份,例如 $\text{CSR}_{i,t}$ 表示第 i 个企业第 t 年的社会责任水平;a_0 为常数项;a_1、a_2、a_3、a_4、a_5……a_{10} 为待估参数;$\xi_{i,t}$ 是随机扰动项。

5.3　统计与回归分析

本书研究营商环境对民营企业社会责任推进机制的影响,选取的数据为面板数据,运用 stata15.0 进行统计分析。首先,对样本数据进行描述性统计,其次,运用相关检验方法进行回归模型的选择。F 检验表明固定效应模型比混合效应模型更合适,并且 Hausman 检验的结果显示拒绝原假设,即同样说明固定效应模型优于随机效应模型。本书用到的地区和行业这两个变量是不随着时间变化而变化的量,但固定效应模型不能估计不随时间而变化的量对因变量的影响,因此在固定效应模型的回归中,去掉地区和行业这两个虚拟变量。

5.3.1　描述性统计分析

为了使样本值不受异常值的干扰,我们对所有相关的连续变量进行了 1% 水平上的 Winsorize 处理。在进行回归分析之前,首先对样本数、均值、标准差、极小值、中位数、极大值进行描述性统计分析,对样本有一个初步的认识,以便于之后的回归分析。样本的描述性统计分析结果见表 5.2。

表 5.2　样本的描述性统计

变量	样本数/个	均值/分	标准差	极小值/分	中位数/分	极大值/分
CSR	1992	24.437	15.372	−2.660	21.550	75.460

变量	样本数/个	均值/分	标准差	极小值/分	中位数/分	极大值/分
gov	1992	6.988	1.406	1.870	7.240	9.450
law	1992	9.995	4.609	1.790	9.880	16.940
ino	1992	4.685	4.768	0.140	3.725	21.900
fin	1992	7.854	1.900	3.230	8.680	10.930
fg	1992	9.309	1.727	2.940	9.790	12.585
size	1992	21.639	0.999	19.544	21.576	24.899
lev	1992	0.395	0.201	0.037	0.383	0.857
cur	1992	0.350	0.365	−0.407	0.270	1.860
tat	1992	0.633	0.427	0.074	0.533	2.676
growth	1992	0.241	0.462	−0.518	0.153	2.886
ind	1992	0.603	0.489	0.000	1.000	1.000
pro	1992	0.633	0.482	0.000	1.000	1.000

从描述性分析的结果可知：

（1）进行统计分析的样本总数为1992个。企业社会责任评价得分的均值是24.437分，最高的达到了75.460分，而得分最低的只有-2.660分，并且标准差达到了15.372，这在某种程度上表明中国民营上市企业社会责任履行的分布状况非常分散，不同民营企业社会责任的履行状况差异较大。

（2）政务环境、金融服务环境和非国有经济投资环境的得分均值分别为6.988分、7.854分、9.309分，标准差分别为1.406、1.900、1.927，说明样本企业所处地区的政务环境、金融服务环境和非国有经济投资环境相差不大；法治环境、技术创新环境的均值分别为9.995分和4.685分，标准差为4.609和4.768，相对于其他三种环境更大，表明样本企业所处地区的法治环境和技术创新环境有一定的差距，这些差距是否对企业社会责任的履行产生影响，有待进一步验证。

（3）对于五种控制变量，公司规模的均值为21.639分，和中位数相近，说明所研究的民营企业的公司规模大都在21.639分左右；财务杠杆的均值为0.395分，中位数为0.383，分两个数据间相近并且都比较低，说明大部分民营企业的资产负债率是正常的;样本企业本年业绩的均值为0.350分,本年业绩最高和最低的企业业绩相差不小,有些民营企业的业绩为负数,可能经营管理出现了一些问题;各个样本企业的营运能力都为正数且差异较小;民营企业的成长能力相差不大,有些民营企业成长能力为负。

5.3.2 相关性统计分析

在进行回归分析之前,本章先进行了各变量之间的相关性分析,初步检验各个变量指标之间的相关关系。皮尔逊相关系数是衡量两个数据间相关关系的指标,在某种程度上,它可以帮助人们理解事物的变化规律。皮尔逊相关系数的范围是从−1到1,当系数>0时,表示两个变量之间是正相关,即一个变量的值越大,另一个变量的值也会越大;当系数<0时,表示两个变量是负相关的,即一个变量的值越大,另一个变量的值反而会越小。系数的绝对值越大,表示两个变量之间的相关性越强,若系数为0,表示两个变量之间不是线性相关,但可能存在其他方式的相关。

皮尔逊相关系数表如表5.3所示。从表中可以看出法治环境、技术创新环境、金融服务环境、非国有经济投资环境与企业履行社会责任都在1%的水平上显著,存在明显的强相关关系;政务环境与企业履行社会责任在10%的水平上显著,存在较明显的相关关系。并且政务环境、法治环境、技术创新环境、金融服务环境、非国有经济的发展与企业社会责任的相关系数分别为0.039、0.061、0.066、0.063、0.064,都呈现正相关的关系。

表5.3 相关性分析

变量	CSR	gov	law	ino	fin	fg	size	lev	cur	tat	growth	ind	pro
CSR	1.000												
gov	0.039*	1.000											
law	0.061***	0.613***	1.000										
ino	0.066***	0.105***	0.296***	1.000									
fin	0.063***	0.763***	0.633***	0.007	1.000								
fg	0.064***	0.740***	0.754***	0.258***	0.663***	1.000							

续表

变量	CSR	gov	law	ino	fin	fg	size	lev	cur	tat	growth	ind	pro
size	0.176***	−0.048**	0.007	−0.012	−0.011	0.006	1.000						
lev	−0.031	0.002	0.005	−0.034	0.018	−0.025	0.416***	1.000					
cur	0.346***	0.002	0.105***	0.066***	−0.043*	0.075***	0.143***	−0.055**	1.000				
tat	0.050**	0.077***	0.043*	0.031	0.013	0.029	0.045**	0.187***	0.180***	1.000			
growth	0.069***	−0.009	0.036	0.031	0.022	0.012	0.136***	0.112***	0.146***	0.074***	1.000		
ind	−0.119***	0.158***	0.100**	−0.052**	0.104**	0.116***	−0.083***	−0.131***	0.025	−0.033	−0.009	1.000	
pro	0.025	0.668***	0.435**	−0.115**	0.742**	0.468**	−0.035	0.005	−0.049**	0.041*	−0.011	0.055**	1.000

注:*、**、***分别代表在10%、5%、1%的水平上显著相关。

控制变量公司规模、本年业绩、营运能力、成长能力都与企业履行社会责任有显著的正相关关系。在一定程度上表明规模大的企业,履行社会责任的情况越好;本年业绩越好的企业,履行社会责任的情况越好;营运能力越强的企业,越能更好地履行社会责任;成长能力越强的企业,履行社会责任的情况越好。财务杠杆与企业履行社会责任之间的关系并不显著。相关分析是回归分析的前提和基础,回归分析是相关分析的深入和继续。相关分析不存在自变量和因变量的划分问题,所有的变量都是随机变量,要想知道自变量的变化对因变量的影响,还需进行后续的回归分析。

相关研究表明,相关系数在0.8以上,可能存在严重的多重共线性问题,多重共线性问题会使得回归模型缺乏稳定性,样本的微小波动都可能造成参数大幅度的变化;难以区分每个解释变量的单独影响;使得参数的方差增大等。本书中各个变量间的相关系数都在0.8以下,不存在明显的共线性问题,可以进行下一步的回归分析。

5.3.3 回归结果分析

(1)模型检验。

在进行回归模型的选择时,本书进行了F检验和Hausman检验。F检验是用来检测模型属于固定效应模型还是混合模型,采用Hausman检验来检测模型属于随机效应模型还是固定效应模型。

①F检验。F检验即联合假设检验,F检验的假设为:

$H_0: \alpha_i = \alpha$(模型中不同个体的截距相同,真实模型为混合模型)。

$H_1: \alpha_i = \alpha_j$(模型中不同个体的截距不相同,真实模型为个体固定效应模型)。

F统计量为

$$\frac{(SSEr - SSEf)/[(NT - N - 1) - (NT - N - k)]}{SSEf/(NT - N - k)} = \frac{(SSEr - SSEf)/(N - 1)}{SSEf/(NT - N - k)}。$$

如果$F > Fp(N - 1, NT - N - K)$,则拒绝假设$H_0$,接受假设$H_1$,其中,SSEr表示混合模型估计残差平方和;SSEf表示个体固定效应模型估计残差平方和;$(NT - N - 1)$表示混合模型估计自由度;$(NT - N - k)$表示个体固定效应模型估计自由度;N表示截面个数;T表示时间序列长度;k表示解释变量;p表示置信水平。本研究F检验结果,p值等于0.0000,表示强烈拒绝原假设,每个个体都有相应的截距项,不应该进行混合回归。

②Hausman检验。借鉴学者们的研究成果,常常运用Hausman检验来判断应当采取固定效应模型还是随机效应模型进行回归。Hausman检验的原理是:进行固定效应和随机效应下的参数估计,比较两者间是否有差别,如果有差别且显著,则认为应当采用固定效应(稳健优先);若有差别但不显著,则认为应当采用随机效应(效率优先)。

Hausman检验的假设为:

H_0:个体效应与解释变量(x_i)无关(真实模型为个体随机效应模型)。

H_1:个体效应与解释变量(x_i)相关(真实模型为个体固定效应模型)。

经Hausman检验结果可知,Prob＞chi$_2$=0.322 8、0.003 3、0.000 3、0.082 2、0.310 4,因此文章拒绝随机效应模型,采用固定效应模型进行回归。

(2)回归结果分析。

表5.4中模型(1)中的结果表明,仅把政务环境和控制变量加入回归模型后,政务环境的系数为0.612,且在10%的水平上显著正相关,这表明良好的政务环境对民营企业履行社会责任有积极的推动作用,初步证明了假设1。表

5.4中模型(2)的回归结果表明,仅把法律环境和控制变量加入回归模型后,法律环境的系数为0.874,且在1%的水平上显著正相关,这表明优化法治环境能促进民营企业履行社会责任,假设2得到了证实。表5.4(3)的回归结果表明,仅把创新环境和控制变量加入回归模型后,创新环境的系数为1.335,且在1%的水平上显著正相关,这说明创新环境建设越好的地区,对民营企业履行社会责任的推动作用越强,假设3得以初步验证。表5.4中模型(4)的回归结果表明,仅把金融服务环境和控制变量加入回归模型后,金融服务环境的系数为2.307,在1%的水平上显著正相关,这表明金融服务环境的优化能推动民营企业履行社会责任。表5.4中模型(5)的回归结果表明,仅把非国有经济的发展水平和控制变量加入回归模型后,非国有经济发展的系数为0.610,在5%的水平上显著正相关,这表明非国有经济投资环境对企业履行社会责任有积极的推动作用。

对于五种控制变量,模型(1)的结果表明,公司规模与民营企业履行社会责任之间的关系在1%的水平上显著为正,表明规模越大的企业,更会积极履行社会责任,这些企业有更多的资源和社会关注度,更有动力去履行社会责任;财务杠杆与民营企业履行社会责任之间的关系在5%的水平上显著为负,说明资产负债率大的企业,面临的财务风险更高,公司会更加关注破产风险,从而忽视对社会责任的履行;本年业绩与民营企业履行社会责任之间的关系在1%的水平上显著为正,说明本年业绩越高的企业,更会积极地履行社会责任;营运能力、持股能力与企业履行社会责任之间的关系不显著。其他四种模型中,控制变量的回归结果和模型(1)相似:公司规模、本年业绩与民营企业履行社会责任的情况有显著的正相关;财务杠杆与民营企业履行社会责任的情况有显著的负相关。

表5.4 回归分析

变量	模型(1)	模型(2)	模型(3)	模型(4)	模型(5)
gov	0.612* (1.799)				

续表

变量	模型（1）	模型（2）	模型（3）	模型（4）	模型（5）
law		0.874*** （5.036）			
ino			1.335*** （5.239）		
fin				2.307*** （3.203）	
fg					0.610** （2.358）
size	1.608*** （4.592）	0.869** （2.172）	0.808** （2.014）	0.914** （2.255）	1.502*** （4.266）
lev	−5.150** （−2.484）	−5.550** （−2.139）	−4.999* （−1.933）	−5.156** （−1.978）	−5.205** （−2.510）
cur	12.570*** （13.537）	12.000*** （11.394）	12.142*** （11.532）	12.281*** （11.565）	12.551*** （13.525）
tat	−0.392 （−0.365）	−0.208 （−0.128）	0.037 （0.023）	−0.187 （−0.114）	−0.157 （−0.146）
growth	0.583 （1.048）	0.566 （0.953）	0.644 （1.087）	0.622 （1.042）	0.536 （0.965）
ind	−4.200*** （−3.628）	−3.487 （−0.325）	−2.884 （−0.269）	−2.054 （−0.191）	−4.188*** （−3.625）
_cons	−14.360* （−1.812）	−3.019 （−0.273）	−0.029 （−0.003）	−14.514 （−1.233）	−13.579* （−1.762）
N	1992	1992	1992	1992	1992
F/chi$_2$	259.348	27.991	28.320	25.605	261.662
p	0.000	0.000	0.000	0.000	0.000
R^2	0.160	0.110	0.111	0.102	0.157
FTest	0.0000	0.0000	0.0000	0.0000	0.0000
Hausman	0.3228	0.0033	0.0003	0.0822	0.3104

注：*、**、***分别代表在10%、5%、1%的水平上显著相关。

5.4　稳健性检验

稳健性检验是用来检验实证研究的结果是否随着所选取参数的不同而发生变化，能够体现所选取的评价方法和指标对实证结果解释能力的强弱。稳健性检验通常使用的方法是：对所选取的变量进行替换；剔除部分样本；根据不同的标准对变量进行分类；变换回归方法，例如用最小二乘法（OLS）、高斯混合模型（GMM）、固定效应模型（fixed-effects model）、随机效应模型（random-effects models）等来回归，观察所得的结果是否依然稳健，若在对设定的参数进行变化后，发现结果的显著性或符号发生了变化，则说明实证研究的结果是不稳健的，需要寻找是什么造成了这个问题的发生。若通过多次变换参数、更改计量方法后，所得的结果没有发生变化，则说明实证研究结果具有稳健性。为了使上述实证研究的结果可靠，本章采用变换估计方法和剔除样本的方法进行了稳健性检验。

（1）变换估计方法。

变换估计方法是检测样本稳健性的一种方法，本书采用最小二乘法重新考察营商环境对企业履行社会责任的推动作用。最小二乘也叫作最小平方和，它的原理是最小化误差的平方和，使得拟合对象无限接近目标对象。最小二乘法作为一种数学优化技术，在解决曲线的拟合问题中很常用，使用它可以便捷高效地得到未知数据，并且使用这一方法求得的数据与实际数据之间的误差的平方和是最小的。最小二乘法的本质是最小化系数矩阵所张成的向量空间到观测向量的欧式误差距离。

表5.5是最小二乘法回归结果，从表中可以看出各个回归方程中，五种营商环境和控制变量的符号都没有发生变换，显著性水平也基本没有改变，这在一定程度上证实了上述回归结果的可靠性。

表5.5　最小二乘法回归结果

变量	（1）gov	（2）law	（3）ino	（4）fin	（5）fg
gov	0.747***				
	(3.224)				
law		0.133**			
		(2.026)			
ino			0.118*		
			(1.659)		
fin				0.763***	
				(4.542)	
fg					0.469**
					(2.468)
size	2.496***	2.452***	2.452***	2.460***	2.436***
	(6.641)	(6.504)	(6.501)	(6.572)	(6.481)
lev	−7.576***	−7.489***	−7.309***	−7.616***	−7.358***
	(−3.791)	(−3.755)	(−3.640)	(−3.849)	(−3.682)
cur	13.471***	13.289***	13.363***	13.654***	13.309***
	(12.917)	(12.648)	(12.662)	(13.210)	(12.704)
tat	−0.245	−0.081	−0.080	−0.110	−0.092
	(−0.324)	(−0.107)	(−0.105)	(−0.146)	(−0.121)
growth	0.380	0.333	0.327	0.272	0.356
	(0.547)	(0.474)	(0.467)	(0.394)	(0.509)
ind	−4.317***	−4.099***	−3.905***	−4.295***	−4.161***
	(−6.428)	(−6.119)	(−5.772)	(−6.407)	(−6.219)
_cons	−33.863***	−29.212***	−28.649***	−33.971***	−31.921***
	(−4.241)	(−3.749)	(−3.661)	(−4.332)	(−4.036)
N	1992	1992	1992	1992	1992
F	43.361	42.301	42.004	45.144	42.530
p	0.000	0.000	0.000	0.000	0.000
R^2	0.162	0.159	0.158	0.166	0.160

注：*、**、***分别代表在10%、5%、1%的水平上显著相关。

（2）剔除样本方法。

借鉴相关学者的研究,本书剔除一些"经营异常""退市企业""打算上市"等样本企业,因为这些企业的经营环境与其他企业有较大的不同,回归结果发现,除了极少数结果不显著外,主要的回归结果没有发生变化,证明了回归结果的稳健性。

本书还通过剔除直辖市（北京、上海、天津、重庆）企业进行稳健性检验,因为这些企业的经济发展水平和营商环境与其他企业迥然不同。观察将这些企业剔除后的回归结果可以发现,各个维度的营商环境和控制变量的符号都没有发生变化,显著性水平基本没变,这在一定程度上表明研究结论是比较稳健的。

5.5 异质性检验

异质性检验用来描述一系列研究中效应量的变异程度,也表明除可预见的偶然机会外,研究间存在的差异性。由于民营企业的社会责任和营商环境,会因为行业和地区的不同而有所差异,各个行业和地区企业发展的动力不同,制造业企业和处于沿海地区的企业动力主要源于自身,而非制造业企业和内陆地区的企业离不开政府的帮助,为此,本书进一步将样本细分,基于行业和地区维度考察异质性表现。

5.5.1 样本划分依据

在样本的划分上,按照行业层面维度将样本分为制造业与非制造业;按照地区特征维度将样本划分为沿海地区与内陆地区。主要依据如下:

（1）制造业与非制造业融资成本和结构大有不同,外部因素在制造业经济增长中发挥重要作用,非制造业增长则更多依赖于内部因素。因此,制造业民营企业与非制造业民营企业对政务环境、法治环境、技术创新环境、金融服务环境、非国有经济投资环境的敏感性可能存在不同,在资源分配和获取、产品销售及面临的市场竞争环境等方面也存在明显不同,需要明晰制造业与非制造业之间的异质性。对于制造业和非制造业的划分,本书采用国家统计局发布的《2017年国民经济行业分类与代码》来进行划分。

（2）沿海地区与内陆地区在经济发展水平、市场机制完备性、政府服务水平,以及企业的技术水平、企业社会责任履行等方面存在较大的差异,可能会导致营商环境优化使民营企业履行社会责任的积极性有所不同,因此,需要进行分地区的回归分析,明晰沿海地区和内陆地区的营商环境优化对企业社会责任绩效的异质性影响。

5.5.2 异质性检验结果

表5.6为样本分行业回归结果,分别为非制造业民营企业的回归结果和制造业民营企业的回归结果。从表5.6中可以看出,制造业民营企业和非制造业民营企业对政务环境、法治环境、技术创新环境、金融服务环境和非国有经济投资环境的敏感性存在不同。对于非制造业民营企业来说,政务环境、法治环境、技术创新环境、非国有经济投资环境与民营企业履行社会责任之间的关系不显著,金融服务环境与民营企业履行社会责任之间的关系显著为正;对于制造业民营企业来说,政务环境、法治环境、技术创新环境、金融服务环境、非国有经济投资环境与民营企业履行社会责任之间的关系显著为正。这在一定程度上表明营商环境的变化对制造业民营企业的影响较大,而对于非制造业民营企业影响很小。可以通过优化制造业民营企业所处的营商环境,提高其履行社会责任的程度,非制造业民营企业营商环境的优化只能通过优化金融服务环境。

出现这种结果的原因可能是:第一,非制造业民营企业受到政府管制较少,面临的市场竞争也不如其他行业充分,对于政务环境的敏感性不高,因此对于社会责任绩效的影响作用不显著;第二,可能是因为样本数量明显减少了。

表5.6 分行业回归结果

变量	非制造业民营企业					制造业民营企业				
	gov	law	ino	fin	fg	gov	law	ino	fin	fg
gov	0.471 (1.166)					0.972*** (3.596)				
law		−0.030 (−0.238)					0.245*** (3.424)			
ino			−0.002 (−0.017)					0.253*** (2.670)		
fin				1.007*** (3.251)					0.620*** (3.166)	
fg					0.244 (0.752)					0.680*** (2.955)
size	2.828*** (4.999)	2.770*** (4.910)	2.776*** (4.900)	2.879*** (5.165)	2.799*** (4.981)	1.963*** (3.777)	1.901*** (3.622)	1.975*** (3.765)	1.896*** (3.631)	1.828*** (3.523)
lev	−6.388** (−2.039)	−6.174** (−1.983)	−6.210* (−1.955)	−6.957*** (−2.252)	−6.183*** (−1.980)	−8.747*** (−3.413)	−8.694*** (−3.363)	−8.888*** (−3.428)	−8.579*** (−3.345)	−8.675*** (−3.359)
cur	13.660*** (8.502)	13.778*** (8.456)	13.724*** (8.411)	13.911*** (8.849)	13.610*** (8.415)	13.429*** (9.603)	13.115*** (9.248)	13.208*** (9.265)	13.499*** (9.571)	13.133*** (9.305)
tat	0.198 (0.210)	0.256 (0.268)	0.265 (0.278)	0.408 (0.431)	0.274 (0.287)	−0.850 (−0.652)	−0.676 (−0.530)	−0.564 (−0.437)	−0.678 (−0.508)	−0.552 (−0.429)
growth	0.540 (0.492)	0.593 (0.535)	0.582 (0.529)	0.346 (0.322)	0.525 (0.477)	0.328 (0.361)	0.197 (0.216)	0.169 (0.183)	0.193 (0.212)	0.326 (0.354)
_cons	−40.119*** (−3.366)	−35.591*** (−3.110)	−35.982*** (−3.115)	−45.665*** (−3.939)	−38.642*** (−3.332)	−27.445** (−2.438)	−21.671* (−1.955)	−21.870** (−1.980)	−24.176** (−2.165)	−24.121** (−2.144)
N	791	791	791	791	791	1201	1201	1201	1201	1201
F	20.637	20.364	20.248	23.934	20.725	25.870	25.261	25.369	25.221	24.898
p	0.000	0.000	0.000	0.000	0.000	0.000	0.000	0.000	0.000	0.000
R^2	0.148	0.147	0.146	0.158	0.147	0.156	0.154	0.153	0.154	0.154

注:*、**、***分别代表在10%、5%、1%水平上的显著相关。

表5.7为样本分地区回归结果,分别为内陆地区民营企业所处的营商环境对企业履行社会责任的回归结果和沿海地区民营企业所处的营商环境对企业履行社会责任的回归结果。从表5.7中可以看出,沿海地区民营企业所处的政务环境与企业履行社会责任之间的关系在5%的水平上显著为正,技术创新环境、金融服务环境与企业履行社会责任之间的关系在1%的水平上显著为正,也表明对于沿海地区的民营企业来说,政务环境、技术创新环境、金融服务环境越优越,该地区民营企业越会积极履行社会责任。非国有经济投资环境与企业履行社会责任之间的关系在10%的水平上显著为正,这在一定程度上表明,非国有经济投资环境的优化能够提高该地区民营企业履行社会责任的程度;内陆地区五种营商环境与民营企业履行社会责任之间的关系并不显著。

出现这种结果的原因可能是,相比于沿海地区的民营企业,内陆地区企业在资金存量、资源获取、技术水平方面优势不明显,履行企业社会责任成为次要考虑的事情。因此,沿海地区的企业可以通过提高营商环境水平,促进对企业社会责任的履行,但通过优化营商环境的方法对内陆地区的企业激励不大,可通过其他方式。

表5.7　分地区回归结果

变量	内陆地区民营企业					沿海地区民营企业				
	gov	law	ino	fin	fg	gov	law	ino	fin	fg
gov	−0.232 (−0.580)					1.069** (2.223)				
law		−0.086 (−0.752)					0.108 (1.114)			
ino			0.008 (0.091)					0.595*** (3.961)		
fin				0.106 (0.362)					1.409*** (4.116)	

续表

变量	内陆地区民营企业					沿海地区民营企业				
	gov	law	ino	fin	fg	gov	law	ino	fin	fg
fg					−0.040					0.838*
					(−0.168)					(1.707)
size	2.615***	2.593***	2.631***	2.638***	2.623***	2.506***	2.428***	2.356***	2.329***	2.321***
	(4.696)	(4.623)	(4.705)	(4.762)	(4.715)	(4.781)	(4.572)	(4.494)	(4.491)	(4.327)
lev	−8.861***	−8.827***	−8.857***	−8.856***	−8.876***	−4.817*	−4.690*	−3.785	−4.850*	−4.523
	(−2.974)	(−2.968)	(−2.975)	(−2.972)	(−2.972)	(−1.727)	(−1.686)	(−1.355)	(−1.771)	(−1.625)
cur	12.055***	12.198***	11.992***	12.009***	12.040***	14.315***	14.280***	14.479***	14.482***	14.268***
	(7.761)	(7.876)	(7.661)	(7.739)	(7.761)	(10.468)	(10.357)	(10.552)	(10.707)	(10.436)
tat	1.048	0.989	1.013	1.020	1.013	−1.033	−0.899	−1.135	−0.689	−0.895
	(1.054)	(0.989)	(1.013)	(1.021)	(1.016)	(−0.922)	(−0.806)	(−1.028)	(−0.628)	(−0.805)
growth	0.248	0.289	0.245	0.234	0.249	0.368	0.330	0.247	0.159	0.321
	(0.269)	(0.314)	(0.270)	(0.256)	(0.271)	(0.360)	(0.321)	(0.242)	(0.157)	(0.311)
_cons	−33.167***	−33.432***	−34.846***	−35.594***	−34.306***	−40.000***	−31.447***	−31.435***	−40.738***	−36.254***
	(−2.805)	(−2.812)	(−2.958)	(−3.062)	(−2.896)	(−3.526)	(−2.936)	(−2.919)	(−3.768)	(−3.312)
N	731	731	731	731	731	1261	1261	1261	1261	1261
F	18.793	18.897	18.718	18.670	18.708	27.447	27.269	29.305	29.736	27.522
p	0.000	0.000	0.000	0.000	0.000	0.000	0.000	0.000	0.000	0.000
R^2	0.151	0.151	0.150	0.150	0.150	0.145	0.142	0.155	0.153	0.144

注:*、**、***分别代表p在10%、5%、1%的水平上显著相关。

5.6 本章小结

本章选取被和讯网纳入评级体系的沪深两市403个民营上市企业作为研究对象,对这些企业2012—2016年履行社会责任的情况进行研究,用到的统计软件为SPSS 15.0。根据前文的理论基础和研究假设,将营商环境分为政务环境、法治环境、技术创新、金融服务环境和非国有经济投资环境这五个维度,首先对样本数据进行描述性分析,基本掌握样本的情况;其次进行各变量之间的相关性分析,对各指标间的相关性有初步的了解,为下一步的回归分析打下基础;通过F检验和Hausman检验,最终确定使用固定效应模型进行回归分析。回归分析之后,对样本的稳健性进行了检验,表明研究结论是非常可靠的;分行业、分地区进行了异质性检验,使得研究更加深入。回归分析得出的结论为:

(1)良好的政务环境对民营企业履行社会责任有积极的推动作用;优化法治环境能促进民营企业履行社会责任;创新环境建设越好的地区,对民营企业履行社会责任的推动作用越强;金融服务环境的优化能推动民营企业履行社会责任;非国有经济投资环境对企业履行社会责任有积极的推动作用。

(2)通过对样本数据进行分行业、分地区的异质性检验,可以得出:政务环境、法治环境、技术创新环境、金融服务环境和非国有经济投资环境的优化,对制造业民营企业和非制造业民营企业的影响是不同的,可以通过优化制造业民营企业所处的营商环境,在一定程度上提高其履行社会责任的程度。非制造业民营企业营商环境的优化只能通过优化金融服务环境。

分地区检验的结果表明,对于沿海地区的民营企业来说,政务环境、技术创新环境、金融服务环境越优越,该地区民营企业越会积极履行社会责任,这三种营商环境与民营企业履行社会责任的情况有显著的正相关关系。非国有经济投资环境与企业履行社会责任之间的关系较显著为正,这在一定程度上表明,非国有经济投资环境的优化能够提高该地区民营企业履行社会责任的程度。内陆地区五种营商环境与民营企业履行社会责任之间的关系并不显著。

第6章 个案研究:基于营商环境的山西省民营企业社会责任推进机制的现状及成因

通过对企业社会责任推进机制的研究假设与实证分析,得到数据方面的结论之后,本书结合山西民营企业的具体情况对推进机制进行进一步的分析,同时通过问卷调查探究影响营商环境的主要因素,在此基础上构建推进机制的分析框架。

6.1 山西省民营企业履行社会责任的现状

6.1.1 企业社会责任履行现状

履行社会责任是新时期国家要发展、经济要进步而赋予民营企业的新时代任务,民营企业的履责程度对企业是否健康发展进行反馈。自2013年山西工商联首次在民营企业推行社会责任报告制度以来,砥砺七年,企业社会责任理念在民营企业中逐渐渗透,越来越多的民营企业将自身发展、社会发展、经济高质量发展相融合,自觉且积极地推动企业社会责任内容的丰富、路径的优化。山西省首个民营企业社会责任报告——《晋中市民营企业社会责任报告(2019)》的发布,更是为民营企业履行社会责任营造良好氛围。关于山西省民营企业近年来对企业社会责任的履行状况,本书主要从以下四个方面进行分析。

(1)劳工关系。

越来越多的民营企业在经营过程中越发重视为企业发展献力的员工的需求,致力于提高劳动生产率的同时保障员工的利益。企业文化的传播使员工充分了解工作单位的发展方向、经营理念,进一步增强员工对于企业的认同感与归属感。许多民营企业开始开展技能培训班,提升员工的专业技能,既让员工同企业共同发展,也促进了员工的就业能力。山西民营企业员工在养老、医疗、工伤、失业、生育等社保方面参与度不断提高,员工的权益得到进一步保障。山西华安建设项目管理有限公司分批组织全体员工进行体检,进一步为员工谋福利,在企业运营的同时注重员工的身体健康状况。潞宝集团慰问生产一线员工,在酷暑送上一抹清凉,既使员工感到暖心,又激发了员工斗志。山西志远建设集团有限公司、山西乐村淘网络科技有限公司、红马甲集团股份有限公司等多家公司关爱员工受到赞誉。

民营企业越发倡导"关爱员工,实现双赢"。在日常运营中,严格遵守《劳动法》相关规定,保障员工合法权益,尊重员工,不使用童工,不压榨劳动力等等。在工作环境方面,严格按照《山西省流动就业人员住宿条件基本标准》,为员工打造舒适的生活区、高效的生产区。在员工薪酬方面,保证工资按时按量、公开透明地发放,绝不允许克扣和拖欠(相关数据见图6.1)。在员工福利方面,不定期对员工展开慰问活动,在特定假期发放员工礼包,加强企业员工社保建设,尽可能地为员工谋福利。劳工关系不断改善,企业内部越发和谐。

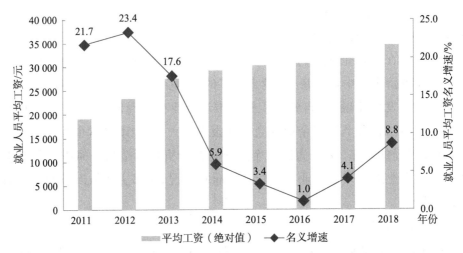

图6.1 2011—2018年山西省城镇私营单位就业人员平均工资绝对值和名义增速
资料来源:人力资源和社会保障网站。

（2）产品服务。

产品服务的质量是企业的招牌,民营企业不断更新发展理念、不断进行科技创新,提供更优质的产品与服务谋求更大发展。山西省正处于转型发展的重要阶段,民营企业的责任重大。越来越多的民营企业不断优化调整产业结构,提高产品服务质量,致力于技术创新,加大力量申请企业专利,在竞争中脱颖而出。

2020年山西建龙实业以其产品覆盖广、工作设备先进及综合生产能力强的优势问鼎山西省第一大民营企业。大运九州集团有限公司拥有国内一流的五大工艺生产线,其设备均可与国内先进水平媲美,旗下产业范围极广。全安新技术公司、戎子酒庄技术中心、山西华晟果蔬饮品有限公司技术中心等企业不断加大研发投入,增强技术创新能力。山西自2017年发布百强民企榜单以来,在近年入围的百强民企中,制造业占比不断增加,而煤炭开采和洗选业不断缩减,由此可以看出,山西民企正逐渐由煤炭产业向制造业转型,逐渐向新兴产业过渡。且据《山西省民营企业社会责任报告》统计,自2016年11月26日山西省政府印发《山西省发挥品牌引领作用实施方案》之日起就已有部分民营企业率先做出表率,截至2018年11月17日,已有290家民营企业开始制定自己的品牌策略,325家民营企业开始培育自有品牌,231家企业已建立自己的品牌并开始拓展品牌推广渠道,186家企业正基于原有品牌产品的基础上推陈出新,从事品牌的升级工作(见图6.2)。如普大煤业、汇丰兴业等投入大量资金建设生态农业产业园区,南烨集团、陆合集团等逐渐大力使用新能源材料、发展绿色环保产业。华翔集团股份有限公司申请获得发明专利、实用新型专利百余项。

（3）公益事业。

民营企业对社会责任的最初认识就是公益事业,山西省民营企业对公益事业方面的责任从未懈怠。自2021年3月31日山西省人民代表大会常务委员会确立《山西省慈善事业促进条例》以来,已有24.9%的山西省民营企业成立专门的部门负责公益慈善工作,有24.1%的企业已建立起志愿服务队伍,此外也有部分企业成立了公益基金会,在公益慈善组织内部设立专项基金来促进公益事业的发展(见图6.3)。此外,在社会实践中也频频出现他们的身影。

在抗震救灾方面,汶川地震、玉树地震中都有他们的身影,据中国新闻网2012年3月29日报道,山西民企捐款物资达4.3亿元,而捐款100万元以上的民企就多达64家,且振东集团包机为灾区运送医用药品,潞宝集团妥善安置灾区学生,帮助其复学。在慈善捐助方面,大同华林有限责任公司在其自身发展的同时,不断回馈社会,捐款数额不断上升,高平市贸易能源有限公司大力发展绿色产业,每年无偿向亿利能源捐赠10000棵油松,用以绿化沙漠,解决沙漠化难题。在教育方面,山西民企倾力支持,大土河焦化集团投资十多亿元于教育事业,改善贫困地区教育环境;聚义实业集团资助崔家沟村建立起九年义务制学校,推动教育事业发展;平遥煤化集团设立助学金,帮助职工及周围困难家庭学生。在扶贫方面,天星能源集团坚持工业反哺农业、产业扶贫推动农村经济,实现一个企业发展带动一大群人致富,且在新农村建设中不断投入资金,实现共同富裕。还有很多山西民企致力于公益事业,在公益各个方面都有其建树(图6.3)。

随着民营企业参与公益事业的范围的扩大、程度的加深,非公募基金会成立并且成为民营企业参与公益事业的主要方式,民营企业参与公益事业的程度和水平都呈逐渐上升趋势。

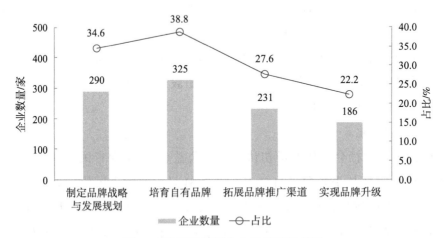

图6.2 被调研民营企业品牌建设状况

资料来源:山西省人力资源与社会保障厅网站及《山西省民营企业社会责任报告》。

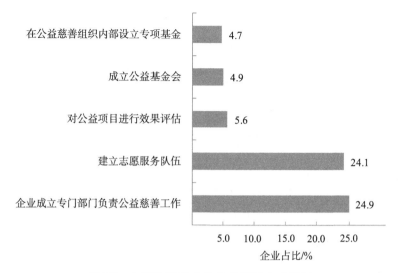

图6.3 山西省民营企业公益管理方式概况

资料来源:《山西省民营企业社会责任报告》。

(4)战略响应。

多措并举,民营企业履行社会责任有了更多动力。民营企业在履行社会责任的过程中不断响应国家战略,其中,对脱贫攻坚的响应度极高,"百千百"工程、"千企帮千村—精准到户"行动中都有山西省民营企业的高度参与,且在不同层面实施扶贫以助力脱贫攻坚战略的实施,例如金融、电商、产业、搬迁等,相关情况如表6.1所示。由《山西省民营企业社会责任报告(2019)》统计得出,截至2019年年底,山西省2502家民企在扶贫方面投入38.27亿元,帮扶项目达到9783个,精准帮扶了5848个村43.8万贫困人口,极大地推动了扶贫战略的实施。

其次,民营企业对转型综合改革、可持续发展、经济高质量发展、能源革命等战略都积极响应,极力促进。山西省成为能源革命综合改革试点,实现从"煤老大"到"排头兵"的重要转型,民营企业在其中起着巨大的推动作用,同时也为民营企业带来了新的发展机遇。大运汽车聚焦绿色产业,践行能源革命战略,实现高质量发展。美锦能源公司遵循国家行业及政策导向,在清洁高效可靠能源方面发力,第二届全国青年运动会期间亮相的飞驰8.6米氢燃料电池客车就是其战略响应的表现。同时民营企业自身已经意识到企业可持续发展与社会可持续发展之间的联系,越来越倾向于绿色环保可持续发展理念,山西企业对于环保的认识越来越深,采取的相关措施如图6.4所示。

表6.1　山西省民营企业助力脱贫相关实例

民企名称	措施	收益
太原康培集团	土地流转、"公司＋农户"模式带动村民进行苗木种植	541名贫困户实现当地就业,全村人均年增收3000多元
乐村淘网络科技有限公司	通过"乐6集"销售模式,当地土特产品实现线上线下双销售模式	极大地增加了销售力度及盈利额,同时宣传了当地的文化特色
华鑫集团	成立山西孝文山生态旅游开发公司,与附近村庄结盟,推行"公司＋农村"经合组织	带动433户975名贫困人口增收
汾西县洪昌养殖有限责任公司	实施"公司基地农户"经营模式	带动周边霍州、灵石、交口、洪洞、安泽、介休等九个县市发展肉鸡相关养殖业

资料来源:山西省地方政府网站。

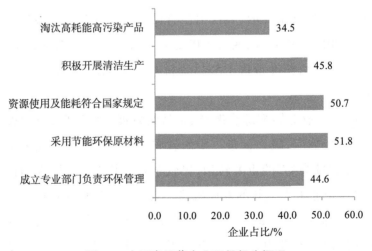

图6.4　山西省民营企业环保行为概况

6.1.2　不足之处

总的来说,山西民营企业对社会责任理念的认识和管理都得到了一定的提升,企业社会责任作为一种新的理念,为更多的民营企业所认同,参与企业社会责任报告的有效民企数量也呈不断上升趋势,从2018年的599家到2019年的838家,实现了近40%的跨越。山西省民营企业履责总体呈向好趋势,但仍然存在很多不足。

一些企业对社会责任存在认识误区,将企业社会责任简单等同于公益慈善,认为履行社会责任是给企业增加负担,或将履行社会责任作为一种提高知名度的商业广告。仍然不清楚履行社会责任的真正意义,尚未完全实现由公益事业向诚信经营、和谐劳工关系、健康发展、绿色环保等领域过渡。

山西省民营企业社会责任管理体系的不足阻碍了企业履责能力的提升,企业在日常履行社会责任过程中重实践而轻管理,且就算实施社会责任管理也不规范,未落到实处,导致一些企业产生计划与执行"两张皮"的现象,尚未建立社会责任专业管理部门或委派专人负责。

企业的规模和成立时间限制着企业的履责能力,与成立20年以上的大型企业、股份有限公司或制造业企业等民营企业相比,成立时间短的小微、独资民营企业履行社会责任力度较低,尚不足前者的一半,民营企业自身尚未有足够的能力承担更多的社会责任是其原因之一,仍处于被动履责地位也是其不可忽视的原因。

一些企业在产品质量、卫生安全、员工权益、降污排放等方面仍存在诸多问题,山西省民营企业履行社会责任还存在短板,这就要求山西省工商联发挥引导作用,促进民营企业履行社会责任、营造良好履责氛围、构建民营企业履责平台、传播履行社会责任理念,同时企业自身加强履责管理、深化履责观念、提升履责能力。

6.2 山西省民营企业营商环境现状分析

6.2.1 法治环境

自山西省第十三届人民代表大会第三次会议以来,营商环境逐渐步入法治化进程,"法治是最好的营商环境"已经成为不争的事实,法治能够为民营企业提供更加透明、公正、规范的发展氛围,从而保护各类民营企业的合法权益,同时规范政府与市场的边界,进一步激发市场主体活力和社会创造力,层层助推经济高质量发展。而山西省遗留下来的"一煤独大""一股独大"的企业结构问题,迫切地需要法治来为民营企业护航。而法治主要指市场、政务和司法三方面的法治化。

(1)市场法治化。

市场在企业发展中占据着非常重要的地位,无论是市场调控、市场监管还是市场惩戒都要秉持着法治化的原则,有理有据,有一套规范的运行机制,并将相应的措施落到实处。

法治化的市场发挥其调控功能,深化简政放权,大力激发市场主体活力,压缩企业开办审批流程,精简登记材料,针对企业开办过程中遇到的"难点""痛点""堵点"及时提出解决办法,简化注销登记流程,在解决企业"准入难"的问题时,不忘跟踪企业发展过程,并完善市场主体退出机制,进而构建市场准入和企业注销的良性循环机制。山西对市场调控中作出的具体措施如表6.2所示。

表6.2 企业准入到注销相应措施

问题	措施	解决问题
企业进入市场难	出台《放宽市场准入条件,创造公平竞争发展环境实施意见》	降低市场准入门槛,开放"绿色通道"
审批复杂	出台《市场准入负面清单制度》	减少审批流程,实现"非禁即入"

续表

问题	措施	解决问题
被股东	出台《关于办理撤销冒用他人身份信息取得市场主体登记有关问题的指导意见》	保障被冒用人的合法权益
个体工商户登记难	出台《个体工商户登记管理办法实施细则》	规范登记流程及标准
连锁型企业"一照多址"诉求	出台《关于做好"一照多址"登记工作指导意见》	切实解决企业面临的困难
企业名称纠纷	出台《名称争议处理暂行办法》	解决企业名称纠纷问题
市场主体"退出难"	出台《关于试行企业注销登记改革的实施方案》	完善市场主体退出机制,简化企业注销流程

市场准入等一系列条件的放宽加大了市场主体的活力,越来越多的民营企业进入市场(图6.5),据《山西省民营企业社会责任报告(2019)》统计,2018年民营企业占到市场主体94%以上,市场主体的活跃,拓宽就业渠道,缓解就业压力。

措施有了,但要落到实处就必须依靠市场监管,规范市场秩序,确保一切举措都落到实处。在确保监管质量的前提下,推动事中事后监管,创新监管模式,2020年3月1日实施的《山西省优化营商环境条例》中提出推动全省涉企信息归集公示、实施企业信用风险分类管理以及建立完善守信联合激励和失信联合惩戒机制等一系列内容,进一步结合现代科技发挥事中事后监管,以创新为基础,实现最优监管。此外,不断完善监管机制,在健全"双随机、一公开"的基础上,强化信用监管,且严格执行联合惩戒机制,依法拦截失信人的任职申请。市场监管不仅要包含事中事后,更要严格执法,推进公平竞争审查,实现法治监管,2019年山西法治监管实例如表6.3所示。

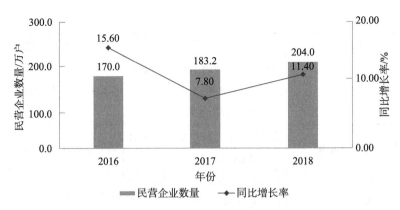

图6.5　2016—2018年山西省民营企业发展情况

注:数据整理自WIND数据库及国家统计局公布数据。

表6.3　2019年山西省法治监管实例一览表

法治监管分类	具体活动
专项执法行动	①网监专项行动:检查网站(店)1.9万个次;实地检查网站(店)3521个次; ②"保健"市场百日行动:整治以坑害老年人为重点的"保健"市场乱象; ③"三品一械"广告整治:抽查生产企业16家,抽查率50%
计量专项检查	①加油站:共检查2591家,加油机11933台,合格率97%; ②眼镜配置场所:检查1887家,计量器具6258台,责令整改397家
监管能力培训	①措施:落实监管任务,举办两期一线业务能力培训;成立全省特种设备安全标准化技术委员会以及线上运行"特种设备智慧监管平台";开展压力管道、娱乐设施及其他方面的应急措施。 ②效果:治理各类安全隐患8319条,下放指令书4686份,组织人员安全法规技术培训30.5万人次;创新监管模式,实现与互联网接轨;在对各类企业项目进行监管的同时,严格把控风险,预先做出应急方案
监管信息反馈	①投诉类:商品包括食品、服装鞋帽、交通工具;服务包括餐饮住宿、文化娱乐体育、美容美发洗浴; ②举报类:广告违法行为、侵害消费者权益行为、无照经营行为

　　市场监管不仅保证市场的有序运行,也反映出市场主体运营中存在的问题,从而针对这些问题作出决策,监管模式不断在向"互联网+质量监管"靠

拢,逐步实现监督抽查、在线采集、分析汇总、实时更新全面化监管。

对于市场监管中违法违规的企业要严厉打击,联合惩戒。既要惩戒,就要有理可循,近年来,山西不断建立健全惩戒机制,在严格监管各民营企业依法经营的基础上,对企业的失信、违法行为进行全面治理,确保企业健康、稳健发展。不断深化完善联合惩戒措施,营造全面的法治化市场环境,有奖有惩,在为企业画线的同时鼓励企业法治经营。山西的惩戒机制建设如表6.4所示。

表6.4　山西惩戒措施一览表

年份	措施	主要内容	惩戒对象
2013	出台《山西省人民政府关于建立健全治理欠薪工作机制的意见》	①规范企业工资支付行为;②增强欠薪案件处理能力;③完善防范及处理欠薪机制	拖欠工资以及因此引发重大影响事件的企业
2015	出台《山西省人民政府办公厅关于印发山西省企业信用行为联合惩戒办法(试行)的通知》	①界定失信、守信行为;②联动奖惩失信、守信具体方法;③提供修复企业信用办法;④反馈信息整改	本省行政区域企业信用行为
2017	出台《山西省人民政府关于印发山西省建立完善守信联合激励和失信联合惩戒制度加快推进社会诚信建设实施方案的通知》	①促进企业依法诚信经营;②引导企业自觉发布综合信用承诺或产品服务质量等专项承诺;③发挥市场调控、市场监管作用;④联合惩戒严重失信及违法企业	所有失信主体
2019	出台《关于加快推进失信被执行人信用监督、警示和惩戒机制建设的实施意见》	①指导思想;②加强信息公开与共享;③加强联合惩戒;④建立完善相关制度机制;⑤加强组织领导	包括从事特定行业或项目限制、政府支持或补贴限制、任职资格限制等11个方面,涉及政治、经济、生活等多方面

（2）政务法治化。

政务环境无论是在行政事务的内部还是外部都有极大的影响，若要保证工作制度、审批流程、效率等内部因素与工作环境、办公设施等外部因素的高效融合，建立长效工作机制，这就要求法治化的政务环境。山西致力于将优化营商环境与法治挂钩，因此，在深化"放管服效"改革的基础上，在企业投资项目承诺制改革的指引下，大力推动政务环境供给侧结构性改革，实现政务环境迈入法治轨道，破除障碍、去除繁杂、构筑坦途，加速推进"互联网+政务服务"建设，营造更加一体化、便利化、数字化的政务环境，让数据代替企业"跑路"。

为有效规范政务环境，从源头优化政务环境，山西省市场监督管理局发布《政务服务中心窗口服务规范》，保证政务服务人员高效、廉洁、依法从政，为民营企业提供更加公平公正的准入环境；《政务服务中心窗口管理规范》，为办公设施、办公人员、工作制度的规范管理指明方向，为民营企业打造公正廉洁的行政审批队伍；《政务服务中心一次性告知规范》，为民营企业在审批中遇到的困难提出解决方案，加大审批效率。除此三项政务规范以外，《山西省12345政务服务热线整合建设实施方案》的印发为全省政务环境建设打造了便民高效、一号对外的"总客服热线"，真正实现"一条热线管便民"，让政民良性互动。政务环境在依法的基础上不断贴合信息化，信息的"无形""无边"为政务环境建设再添难题，为此，山西省首推《省直机关政务信息化系统运维项目预算编制规范和预算标准（试行）》，为信息化系统运维预算确定一个标准，使政务环境进入新高地。政务环境在向法治迈进的过程中见招拆招，迎难而上，为企业提供更优质的发展环境。

（3）司法法治化。

法律是法治的最后一道防线，也是必不可少的一个环节，无规矩不成方圆，无法律难以立足，优化营商环境，就要为营商环境立法，让企业在经营中有界限，有法可循，有法可依。将在以往工作中取得的经验以立法的形式呈现，保证在打造"审批最少、流程最优、体制最顺、机制最活、效率最高、服务最好"的"六最"营商环境的进程中不断完善法律法规,使企业进入法律,使法律规范企业,山西省法律法规建设如表6.5所示。

表6.5 山西省法律法规一览表

法规	政府规章	部门规定文件
山西省劳动保护暂行条例	山西省征收排污费暂行办法	山西省住宅工程质量通病防止细则
山西省大气污染防治条例	山西省环境污染防治设施管理办法	关于开展建筑施工安全质量标准化活动的通知
山西省环境保护条例	山西省施工企业安全管理审查规定	民用建筑工程节能施工质量监督管理办法
山西省消防管理条例	山西省征收固定源超标、环境噪声超标、排污费暂行管理办法	山西省建筑工程汾水杯质量奖评审办法
山西省节约能源条例	山西省建筑工程招标投标管理办法	山西省优良工程评审办法
山西省职工劳动权益保障条例	山西省房屋建筑工程和市政基础设施工程竣工验收与备案管理暂行规定	山西省安全生产应急预案管理办法
山西省工程建设项目招标投标条例	山西省实施ISO 14000环境管理系列标准的管理办法	企业信息公示暂行条例
山西省安全生产条例	山西省房屋建筑工程和市政基础设施工程施工招标投标管理实施细则(试行)	
山西省民用建筑节能条例	山西省特种作业人员安全技术培训、考核、发证实施办法	
山西省劳动合同条例	山西省建设工程造价管理办法	
山西省减少污染排放条例	山西省建筑工程室内环境质量管理暂行办法	
山西省建筑工程质量和建筑安全生产管理条例	山西省排放污染物许可证管理办法	
山西省农民工权益保护条例	山西省实施《工伤保险条例》试行办法	

法规	政府规章	部门规定文件
山西省实施《中华人民共和国工会法》办法	山西省危险化学品安全管理办法	
	山西省工程建设项目招标投标活动投诉处理办法	

　　司法不断健全,无论是建筑、食品安全还是环境保护方面的法律法规都日渐完善,法律规章的出台,不仅为企业日常经营构筑了框架,防止企业出界,起到良性监督促进作用,也能及时为企业在运营过程中遇到的困难提供解决方案。在司法的规范引导下,企业守法行为不断改善,如图6.6所示。

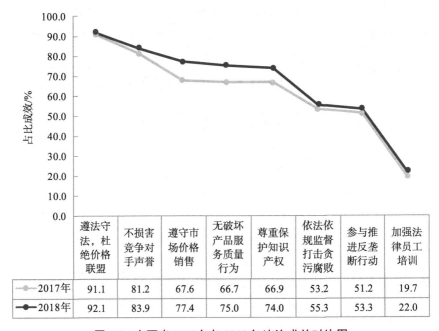

	遵法守法,杜绝价格联盟	不损害竞争对手声誉	遵守市场价格销售	无破坏产品服务质量行为	尊重保护知识产权	依法依规监督打击贪污腐败	参与推进反垄断行动	加强法律员工培训
2017年	91.1	81.2	67.6	66.7	66.9	53.2	51.2	19.7
2018年	92.1	83.9	77.4	75.0	74.0	55.3	53.3	22.0

图6.6　山西省2017年与2018年法治成效对比图

6.2.2　金融服务环境

　　融资难一直是民营企业发展的一大难题,金融服务环境的优劣也就直接影响着民营企业的发展。近年来,绿色发展理念盛行,而山西省作为煤的发源地,在绿色发展上有着天然的弱势,但2019年"中国绿色金融&绿色发展(太原)峰会"的召开为山西揭开了绿色金融服务的新篇章。绿色金融以银行贷款、债券股票的发行、私募投资、碳金融、保险等一系列金融产品与服务为媒介,使社会资金在绿色产业中流动,运用金融的手段,优化资源配置,协调产业结构,促进绿色消费。不仅切实解决民营企业融资困境,而且将山西经济结构转型升级推向高地。绿色金融服务更是与区块链、云计算等新一代信息技术相融合,构建绿色权益类新型交易、融资体系,全力建设全国一流的绿色智慧金融服务平台。目前,已经建成的以绿色权益类资产为主的一条龙金融服务体系如图6.7所示。

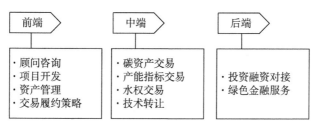

图6.7 绿色权益类一条龙服务体系

为优化外贸企业金融服务环境,缓解民营企业融资难问题,山西省提出了"出口信用保险保单融资",推动贸易融资,鼓励山西省企业"走出去"。出口信用保险保单融资指的是银行对已经向中国出口信用保险公司投保的出口贸易,凭借出口商提供的单据、有关投保凭证、赔款转让协议等,向出口商提供资金融通服务。出口信用保险对外贸"拓展市场、保证份额、调整结构"都起着极大的作用,此外,出口信用保险具有损失补偿功能、风险管理功能、融资便利功能、市场开拓功能,在各方面发挥着重要作用(如图6.8)。

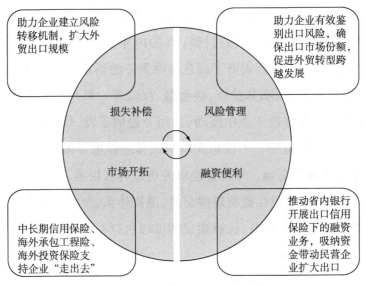

图6.8 出口信用保险四大功能

出口信用保险保单融资为民营企业融资开辟了新途径,并不断加强业务网点建设,简化承保流程,实现与信用保险机构的有效联合,推动政策性出口信贷,简化融资流程,拓宽融资渠道,缓解企业资金压力,助推企业高质量发展。以中国出口信用保险山西分公司(以下简称"信保山西分公司")为例,其积极履行其政策性职能,发挥出口信用保险的开拓市场、管控风险、便利融资、补偿损失四大功能,为山西省出口企业提供保障,确保其能大胆"走出去",在国际企业中大展手脚,同时信保山西分公司支持新兴产业的发展(如图6.9),助力调整产业结构,助力更多民营企业进入市场。

金融服务机构不断完善"敢贷愿贷"机制,增强"能贷会贷"能力,为民营企业提供更好的金融服务体验,增加民营企业贷款可获得性,更对山西省在沪深港三地主板、中小板、创业板、科技板上市的民营企业及新三板或"四板"挂牌、进行股改并融资成功的民营企业发放不同金额的奖励,用以鼓励企业进军资本市场,进一步优化金融服务环境。

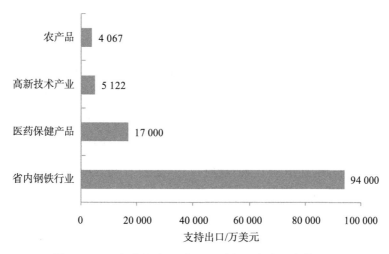

图6.9 2018年信保山西分公司对山西省产业支持概况

资料来源:中国出口信用保险公司官方网站。

6.2.3 政务环境

政务的主体是政府,政府是保证市场高效有序运行的执行者、维护者、监督者,无论是企业投资、准入退出、事中事后监管,还是政策指导,都离不开政府的服务,山西省始终坚定深化"放管服"改革,力求以"一份承诺"代替"一摞审批",提效政府服务,强化政府职能。山西省主动推行"试点企业投资项目承诺制"改革,将由政府审批的14个事项改为政府统一服务事项,将另外8个事项加入企业承诺事项中,免去企业开工前编制报告这一环节,以信用约束机制的运行实现政府职能的转变,政府就是服务。政府要进行权力"瘦身",为企业提供更多发展机会,用"一站式"审批代替过去的一张审批表"背着公章跑",实现节约企业时间成本、提高政府服务效率、塑造政府执政形象一举三得。承诺制改革前,山西固定资产投资增速为0.8%,改革后,2017年、2018年均保持在6%左右,2019年已经超越全国,使企业得以良性发展,经济得以向高质量转型。政府职能转变不等于政府职能弱化,是将管得"宽"变成管得"窄",使政府聚焦于服务上,根据改革发展的实际情况,为企业乃至社会提供有效的服务,营造更加高效的政务环境,激发市场主体活力。

优化政务环境,就要履行服务的职能,全面提高政府的公信力和执行力。以"权为民所用、情为民所系、利为民所谋"为主要目标,建设公平公正公开、合法规范、清正廉洁、人民拥护的政府,加强党风建设,严厉打击贪污腐败分子。《关于推进"标准地"改革的实施意见》的印发,进一步强化政务服务,实现政府职能转化,政府在整个改革过程中体现其服务职能(如表6.6),为山西省打造"六最"营商环境蓄力。同时,"标准地"改革实现资源要素有效配置,提高土地利用水平,达到市场有效、政府有为、企业有利三项的统一,加速"标准地"落地生效,向高质量发展过渡。

表6.6 "标准地"改革政府作用

政府职能	作用
在出让土地前,出资对开发区等有条件区域实施区域评价	减轻企业负担,降低制度性交易成本
明确土地出让的投资强度等控制性指标	建设公开透明、规范高效的新型招商模式
强化事中事后监管,建立评价体系和严重失信名单制度	加速土地资源向高端、优质产业流动,形成奖惩机制

优化政务环境,就要构建"亲""清"新型政商关系,始终要坚持"请进来"与"走出去"相结合,对外进行交流合作。山西是煤炭大省,拥有着丰富的煤炭资源,但在临汾立恒焦化、长治潞宝集团、太原梗阳新能源等民营企业到山东、内蒙古等地行业领军企业进行交流学习时却发现,外省同行业在成本控制及环保节能等方面远超山西,以及在"万名干部入企进村"活动的号召下,政府人员逐渐主动帮扶企业,政商关系逐渐转变。在《关于支持民营经济发展的若干意见》中明确指出,要树立鲜明导向,以沟通协调为主,弘扬企业家精神,大力构建"亲""清"新型政商关系,以实现全心全意为民营企业服务。对于"亲""清"政商关系解读如表6.7所示。"亲""清"一个都不能少,民营企业要发展,离不开良好的政商关系,为构建亲清政商关系,山西出台"30条",为民营企业服务,帮助民营企业树立正确的发展观念,使思维由原来的"靠关

系"转为"靠本领",发力方向由打政策"擦边球"转向企业"练内功",从企业自身着手,增强核心竞争力,夺取一流企业标杆。

表6.7 亲情政商关系解读

解读人	解读内容	构建进程
李东洪	建立专门渠道,倾听民营企业意见建议	《中华人民共和国中小企业促进法》建立信息互联网平台,为中小企业提供便捷无偿服务,听取意见建议,及时反馈整改;《关于支持民营经济发展的若干意见》建立专门渠道,降低中小企业反馈成本;建立"中小企业公共服务平台",了解政策,反映诉求
张保建	构建新型政商关系,释放社会创新活力	《关于支持民营经济发展的若干意见》树立鲜明导向;指出维护民营企业合法权益,强化参政议政职能;明确服务理念,激发民营企业创新活力;弘扬企业家精神,尊重民营企业、尊重民营企业家氛围
李剑英	发挥桥梁纽带作用,构建"亲""清"政商关系	深入开展民营经济大调研;积极搭建政企沟通平台;发挥示范带头作用
昝宝石	以诚相待,坦荡无私,坚定信心办好企业	建立领导干部与民营企业联系制度,健全企业家参与涉企政策制定机制,探索党政机关干部在民营企业挂职锻炼等制度设计

6.2.4 技术创新环境

技术创新主要指新技术、新工艺、新生产经营模式、新产品、新服务,企业的发展离不开技术创新。技术创新推动山西省经济跨越式发展。技术创新环境不断完善,民营企业与研究院、高等院校之间达成长期稳定技术合作协议,遵循市场需求,合作开发具有自主知识产权的产品与技术,实现生产、储备、开发一体化,在吸收借鉴国外先进技术的基础上,实现再创新,缩小差距。此外,以政策咨询、管理诊断、人才培训、信息服务、投资指引为主体的民营企业综合技术服务体系建立,在行业协会和各类民间组织共同作用下,推动民营企业技术创新,为营造技术创新环境提供政策支持(如表6.8)。

表6.8　山西省构建技术创新环境相关文件

序号	名称	序号	名称
1	山西省科学技术进步条例	6	山西省高新技术产业发展条例
2	山西省促进科技成果转化条例	7	山西省科学技术进步奖奖励办法
3	山西省技术市场管理条例	8	山西省重点行业关键科技发展项目
4	山西省促进民营科技企业发展条例	9	关于建立以企业为主体的技术创新体系的实施意见
5	山西省专利实施和保护条例	10	山西省委省政府关于加强技术创新发展高科技实现产业化的决定

除政府出台相关法律文件助力技术创新环境构建外,企业自身的技术创新能力也为营造良好技术创新环境献力。企业技术创新能力主要包括企业研发投入、设计能力、制造和生产能力、新产品销售等四项综合指标。企业技术创新是集企业、市场、科学研究为一体的技术创新体系,技术创新环境的完善需要企业提升能力,科学是技术之源,而技术又是产业之源,技术创新就是要企业聚集于"新",提供优质且新颖的产品或服务,以此提升企业竞争优势,实现可持续发展。

6.2.5　非国有经济投资环境

改革开放以来,非国有经济成为经济发展的重要组成部分,非国有投资也随之发展,非国有投资主要包含集体、个体及其他经济组织的投资,营造更加宽容的投资环境,有助于产业结构调整、经济转型发展以及经济总量增长。山西的非国有经济投资快速发展为民营企业带来了更多的发展机遇,也让民营企业有了更多履责能力。

山西省非国有经济投资环境的改善明显促进了山西的就业量,提升经济效益,为经济发展再发力,促进市场主体活力。最主要的是吸纳剩余劳动力,保障民生就业,激发企业活力,非国有经济投资主要倾向于资源型及劳动密集型产业,使山西从煤炭、焦化、冶炼等产业转移出的劳动力拥有新的岗位。据山西省统计局发布的《改革开放40年　山西经济社会发展系列报告》相关数据分析(见表6.9),从1978—2018年,山西新增就业人数945.67万人,其中,国有企业从业人员减少50.87万人,非国有企业却增加了996.45万人,就业结构不断优化,非国有企业逐渐成为就业主要渠道,非国有经济投资大力扶持民营企业、乡镇企业的发展,为缓解就业压力做出巨大贡献。

表6.9　1978—2018年山西国有企业与非国有企业从业人数　　单位:万人

年份	国有企业从业人员	非国有企业
1978	227.34	737.89
1980	246.24	756.40
1985	291.49	862.62
1990	340.94	963.07
1995	370.14	1054.34
2000	276.62	1115.78
2005	247.50	1252.70
2006	249.15	1312.01
2007	248.20	1347.45
2008	249.79	1364.31
2009	240.85	1389.75
2010	231.90	1454.00
2011	237.25	1501.64
2012	232.44	1557.73
2013	201.36	1642.84
2014	197.32	1664.97
2015	193.81	1678.95

续表

年份	国有企业从业人员	非国有企业
2016	190.33	1717.88
2017	187.66	1726.47
2018	176.56	1734.34

山西非国有经济投资增速明显快于国有投资,为山西经济发展再添动力。据山西省统计局公布数据,太原市2019年1月—7月,非国有投资达386.60亿元,与上年同期相比,皆有显著增加,如表6.10所示。

表6.10　2018—2019年太原同期非国有与国有投资对比

	2019年		2018年	
	占太原市投资比重/%	增速/%	占太原市投资比重/%	增速/%
国有投资	45.8	3.6	48.6	27.2
非国有投资	54.2	16.1	51.4	10.5

资料来源:山西省统计局。

非国有投资逐渐成为投资主要力量,在国有投资有限的情况下,非国有投资能够有效地弥补投资不足的空缺,对促进山西经济转型发展有着巨大的现实意义。据山西省统计局统计,2010—2018年山西固定资产投资国有与非国有投资情况如图6.10所示,非国有投资占比始终大于国有投资,2017年几乎达到国有投资的两倍,助力山西省经济迅猛发展,实现产业结构迅速调整,促进山西省向能源重化工基地、交通运输、建筑等行业过渡,越来越多的新兴产业的出现为民营企业发展指明方向,从而带动经济增长。

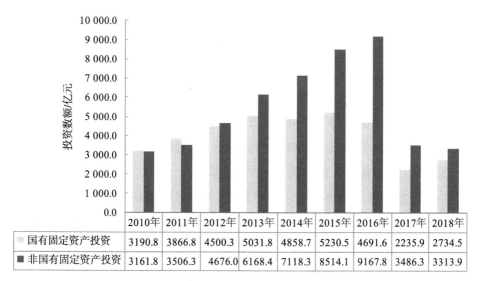

	2010年	2011年	2012年	2013年	2014年	2015年	2016年	2017年	2018年
国有固定资产投资	3190.8	3866.8	4500.3	5031.8	4858.7	5230.5	4691.6	2235.9	2734.5
非国有固定资产投资	3161.8	3506.3	4676.0	6168.4	7118.3	8514.1	9167.8	3486.3	3313.9

图6.10　山西省2010—2018年国有与非国有固定资产投资概况

6.2.6 不足之处

山西省紧跟国家优化营商环境的步伐,以自身特点为基础,打造"三对""六最"营商环境,加快迈入全国第一方阵,突出山西省特色的同时,切实解决山西问题,为民营企业营造"优质、绿色、廉洁、规范"的营商环境,也取得很多成效,但也存在许多问题,主要表现为:

一是法治环境。不论是市场、政务还是司法,山西省始终倡导依靠法治,实现多角度、立体化的制度创新,但违法案件仍然年年发生。据山西省人民检察院通报,仅2018年,山西省检察机关受理民营经济类案件共2493件,涉及民营企业的就达1349件,主要是因为犯罪手段多元、互联网信息共享、钱权贿赂诱惑、人力资源管理疏散、监管力度放松,等等。究其根本,是法治建设力度还不够,一方面民营企业知法守法意识淡薄,妄图片面地追求利润,钻法律的空子,另一方面,民营企业缺乏内部管理监督,导致企业不团结,侵犯企业权益。由此也可看出,法治建设不是一朝一夕就能完成的,需要在实践中不断完善,并且严格执法才能确保法治的顺利实行。

二是金融服务环境。良好的金融服务环境是解决民营企业融资困境的有效方法,但金融服务环境的建设也面临着很大的阻力,最主要的就是民营企业融资需求与金融服务资金供给的不均衡,山西省地方金融服务机构资产规模小且担保机构分布散,难以有效提供民营企业所需资金,此外,山西省缺乏有影响、有地位的金融骨干企业,难以带动金融服务发展,证券机构交易规模的缩小、利润的降低以及A股融资能力的低下都极大地阻碍着山西省金融服务环境的优化,民营企业的发展,经济的进步。

三是政务环境。政府的作用不可替代,在加速政府职能转化的同时,要加强政商关系的建设,真正实现"亲""清",最大化地服务于企业,以及加大政府监管的力度,提高政府的可靠性,保证产品的安全性,加大政府对污染有害类企业的治理与监督。山西省一直在加强政务环境的建设,但有利益就会有人顶风作案,真正达到公正廉洁、高效优质需要在实践中不断完善。

四是技术创新环境。创新是山西省始终贯彻的理念,但创新需要各方面协同推进,研发经费、研发机构、研发技术、创新建设、政策引导等都必不可少,为此,要加强信息交流,吸纳高科技人才,推动民营企业与高校、科研院所、其他各类企业携手并进,建立集人才、团结、创新于一体的研发机构,补短板,促升级,保障资金的畅通,建立完善相应政策,确保研发过程的顺利规范。

五是非国有经济投资环境。山西省非国有投资增长速度虽然高于国有投资,却低于全国非国有投资增长速度,且投资范围也不如全国非国有投资广,山西省主要投资于能源原材料行业。非国有投资未被纳入国民经济计划,没有规范性政策的支持引导,使得非国有投资过程复杂、效益低下,且受市场利益的影响,非国有投资具有自发与无序的特性,使得投资效果微小,产生资源浪费,对企业的发展极其不利。

6.3 影响民营企业营商环境优化的主要因素分析

6.3.1 调查问卷的设计

民营企业是中国经济的主要建设者,而良好的营商环境则是民营企业发展迅速的重要保障。因此在当前经济下行的压力下,如何扶持民营企业,这个议题是极为重要的。省委、省政府高度重视民营经济的发展,特别是在党的十八大以来,为贯彻落实习近平总书记关于民营企业的论述,山西省先后出台了多项有利于民营企业发展的措施,为民营企业的发展提供了良好的营商环境。为了调查当前营商环境的真实状况,本次调查问卷面向山西各民营企业,通过问卷可以在一定程度上了解山西省营商环境状况以及不足之处,从而为山西省营商环境建设提供一定的方向。

为深入了解民营企业营商环境的相关情况,本次调查参考相关文献设计了调查问卷,采用了线上与线下相结合的方式进行问卷发放。本次调查共发放问卷330份,包括网络问卷230份和纸质问卷100份,其中无效问卷20份,共有310份有效问卷,有效回收率为93.94%。

问卷包含两部分内容。第一部分为企业的基本情况,包括企业的建立年限等,共3个问题,通过此部分问题了解接受调查企业的具体情况,为第二部分探究营商环境影响因素奠定基础。第二部分为企业营商环境的具体情况,主要从4个方面进行调查,分别为政务环境、法治环境、人才创新环境及融资环境。每个方面通过4个具体问题进行调查,共16个问题。全卷共计19个问题,基本可以反映出山西省营商环境的现状,为科学分析本书论题奠定一定的基础。

6.3.2 样本基本情况

经过对样本的调查统计分析,在样本企业中大部分成立年限为5年以下的小型企业,所占比例为75%,而其余企业成立年限分别在5~10年以及10年以上,这两者所占的比例分别为19%与6%。可以看出,至调查时民营企业多数为成立年限较短的新企业。而在占比较大的新企业中制造业与零售业的占比较大,而在成立年限较长的企业中,农业与采矿业则占较为重要的比例。从具体数据来看,制造业与零售业所占比例分别为31%与45%,而农业与采矿业则占比分别为14%与10%。最后从企业的规模来看,如果以企业年营业额为标准,中小型企业占比较大,而大型企业占比则较小。小型企业也就是年营业额为100万元以下的企业,占比为67%。年营业额100万~500万元的企业,占比为23%。年营业额达500万元以上的企业,则占比最小为10%。

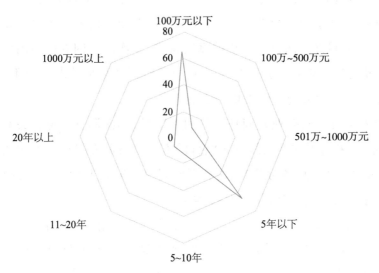

(a)被调查批发零售业企业成立年限及规模

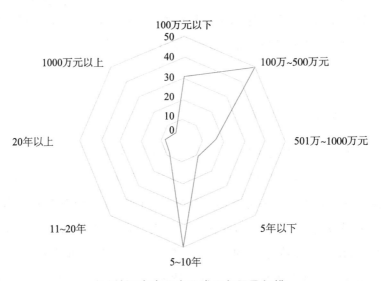

(b)被调查农业企业成立年限及规模

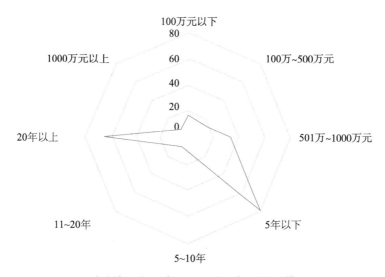

（c）被调查制造业企业成立年限及规模

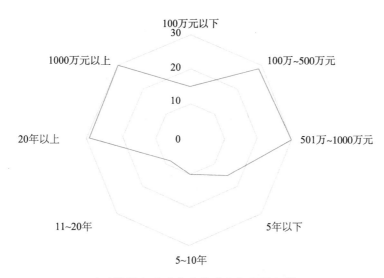

（d）被调查采矿业企业成立年限及规模

图6.11 作为样本的企业成立年限及规模

6.3.3 影响营商环境因素的统计分析

（1）从政务环境方面来看,政府部门与企业部门的联系较为紧密。分别有36%与52%的企业认为政府经常或偶尔去企业宣传各项政策和措施。在企业遇到问题时,政府部门的积极回应极为重要。仅有14%的企业,认为政府不解决企业的问题,而其余84%的比例则认为政府给予企业以解决问题的态度。当企业进行审批事项时有62%认为可在网上查到相关的审批进度。而剩余38%的企业则认为难以查到相关的信息。如图6.12所示制造业、农业批发,零售业与采矿业对解决政府问题的及时度存在不同的选择。相比于农林牧业与批发零售业,制造业与采矿业在解决及时度方面占比较高,在60%以上,而农林牧业与批发零售业则占比较低,在40%左右。

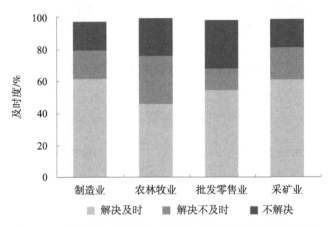

图6.12　不同行业企业对政府解决企业问题的及时度反馈

在政务环境方面,企业所需审批的各项流程以及时长,对企业来说至关重要,也是政务营商环境极为重要的一个衡量标准。因此,企业对政府审批时长的满意程度作为营商环境衡量标准是占到较大比重的。在调查中,大部分企业对政府审批时长保持满意程度,其中有34%表示满意,38%表示基本满意,而剩余28%的企业认为政府审批时长较长,不满意(图6.13)。证明政府在政务环境审批方面还存在一定的进步空间,精简审批流程极为重要。

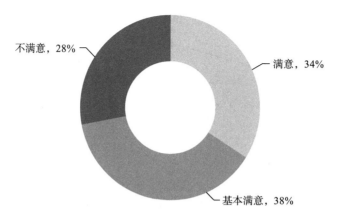

图6.13　企业对政府审批时长的满意程度

表6.11　不同行业企业对事项查询便捷度反馈　　　　　　单位:%

企业类型	信息查询是否便捷	
	是	否
农业	52	48
制造业	72	28
批发零售业	60	40
采矿业	57	43

(2)从法律环境来看,仅有12%的人表示满意,接近70%的企业表示对企业提供的法律服务表示基本满意。探究其原因发现,在调查的五个方面都有一定的占比。而占比最大的为滥用刑事手段,其次为对财产性质分析不明确。说明政府执法中,对于民营企业的专业性方面有一定的进步空间。在企业对政府法律服务的满意度中,不同行业满意度有较大差距。从图6.14来看,企业服务满意度较高,很高或觉得无须改进的行业为零售业和采矿业,而认为政府的法律服务需要改进,或者满意度较低的则为农业与制造业。证明在农业与制造业方面法律服务的便捷度与专业性不足。而在批发业和采矿业方面,虽然满意度较高,但也存在具有改善性空间的结果。

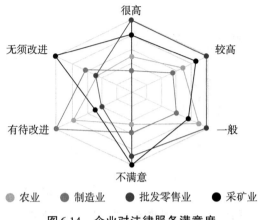

图 6.14　企业对法律服务满意度

在探究企业对政法机关突出问题的看法,也就是企业对政府法律工作不满意的原因时,滥用刑事手段扣押财产与无法分清财产性质,这两方面的原因占比较大。而政府机关服务意识较差,办理期限与成本较高和选择性执法,这三方面原因也占有一定的比例,但占比较小。从不同行业来看,采矿业与制造业,认为政法机关突出问题为执法手段不正确,也就是滥用强制措施,证明在政法机关执法手段方面,对于这两个行业来说,有一定的进步空间,政法机关需改进执法手段,提高执法专业性,从而改善企业的法律营商环境,如图6.15所示。

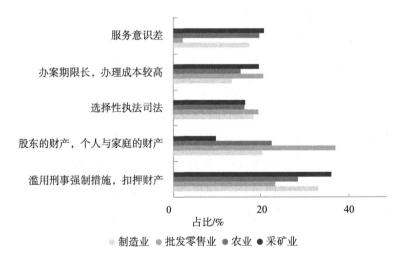

图 6.15　企业对政法机关突出问题的看法

（3）从技术创新环境来看,大多数企业的技术来源都为购买,并且占比极高,为72.99%。证明企业技术还是靠外部购买较多,而没有自己本身的技术创新,自身创新能力还需要一定程度上的提高,需要挖掘多个方面的创新动力。同时,在需要政府提供的服务方面,人才输送占比极高,也从另一个方面证明了民营企业人才的缺失。

从现有调查结果来看,各民营企业以购买技术为主要创新方式,而人才的对接与发展不到位。因此要加强各民营企业与高校以及研究机构的对接机制,发展和引进各项高科技人才,并制定吸引高素质人才流动的优惠政策。通过对高素质人才落户政策优惠吸引落户,建立健全多项人才培养引进机制（如图6.16所示）。

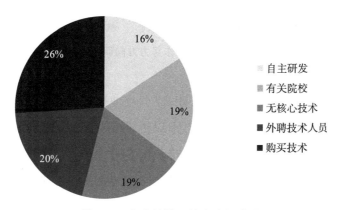

图6.16 企业的核心技术来源占比

从企业认为政府需要改进的企业工作方向可以看出,4种类型的企业将税收优惠与政策倾斜,放在政府工作方向改进的首位,分别占比在40%及30%以上。而在资金支持和人才输送等方面,需要改进的占比则较小,二者一共30%左右。表明在企业大政方针方面大力减税降费以及政策优惠对企业来说十分重要。自2019年来,山西省政府出台一系列有关减税降费的政策,进入2020年,要不断落实已经出台的政策,同时从不同角度完善对于民营企业的各项优惠政策。在贯彻落实党的十九大"稳定税收政策"的前提下,保证现有税收制度和计划的稳定性,不断创新现有的税收征收体制,落实国家的各项政策,为企业进一步保驾护航(见图6.17)。

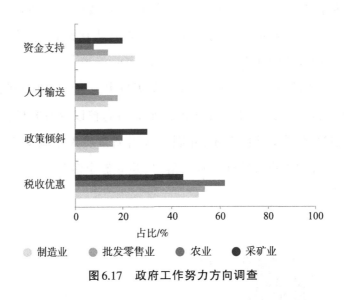

图6.17 政府工作努力方向调查

(4)从金融服务环境来看,据统计,民营企业融资主要有三种方式,贷款方式居于主要地位,占比为百分之五十以上,而剩余百分之五十则分别被股权和内部融资所占。而贷款难、融资难作为企业面临的主要难题,大部分企业认为程序烦琐以及门槛高成为阻碍企业贷款难的原因。除了这两个原因,政府部门态度模糊,贷款信息和渠道狭窄也被一定比例的企业作为阻碍贷款难的原因。

从企业资金来源来看,四种企业类型的集资方式,大部分为银行贷款,占到50%以上的比例,而余下5种方式,则占比较小,相加为40%左右。因此在调查企业融资难产生的困难时,银行服务方面遇到的门槛高,审批难,条件复杂,占比较大,三者都在20%以上。因此,完善金融服务对民营企业的传导机制是极为重要的。要落实和完善国家出台的一系列针对民营企业和小微企业融资难、融资慢的政策和措施;鼓励商业银行以及金融机构对小微企业贷款的放松途径,金融机构联动,从而引导解决中小企业资金上的困难。合理确定贷款的周期。适当减少贷款的审批流程,降低贷款利息(见图6.18、图6.19)。

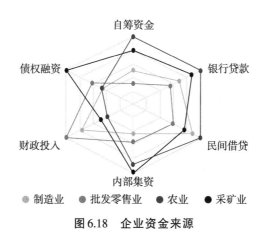

图6.18 企业资金来源

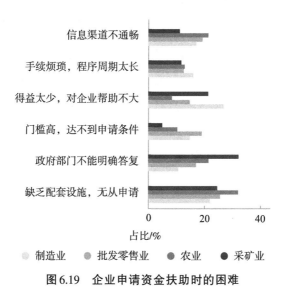

图6.19 企业申请资金扶助时的困难

6.4 本章小结

通过对山西省民营企业履行社会责任现状及营商环境现状的了解,民营企业作为经济转型发展的生力军不断引起重视,山西紧跟国家经济发展的步伐,以深化"放管服"为基础,因地制宜,制定推行符合山西特色的各项政策及措施。在日益优化的法治环境、政务环境、金融服务环境、技术创新环境及非国有经济投资环境的加持下,民营企业不断发展壮大,使市场愈加活跃。山西民营企业履行社会责任现状表明,经济发展,社会进步甚至企业自身想要可持续发展都离不开民营企业自主积极履行社会责任,无论是劳工关系的改善、慈善事业的推广、产品服务的优化还是政策的响应,都需要民营企业的支持与助力,然而,民营企业因为内部或外部各种各样的原因无法或不愿意履行社会责任的情况导致履责力度依然不足,此种现象也清晰地说明企业社会责任的推进需要为民营企业肃清内外部各种影响因素,即迫切地需要良好的营商环境使民营企业发展无后顾之忧。但在对山西省民营企业营商环境现状研究中发现,虽然营商环境在不断改善,但仍然存在很多问题,而营商环境的不足阻碍着民营企业的发展,进而降低民营企业履行社会责任的力度及积极性。经由对山西省民营企业履行社会责任现状及营商环境现状的个案分析,可以发现,无论是企业社会责任的履行还是营商环境的改善都在向好发展,但都存在许多不足之处,而这两者间又有着必然的联系,营商环境既是企业履行社会责任的内容之一,也是推动民营企业积极主动履行社会责任的重要助力。综上所述,优化营商环境对助力民营企业履行社会责任影响重大。同时通过调查问卷,探究影响营商环境的重要因素,进行相应的统计分析从而得出对应的政策意见,辅助营商环境的进一步优化完善。

第7章　基于优化营商环境的
企业社会责任推进机制的实现路径

通过前文的分析可以发现,越来越多的企业开始重视履行社会责任,企业社会责任的履行不是损害企业经济利益,反而是企业能力与效益的体现。尤其是随着中国经济向高质量发展的过渡,市场竞争日益激烈,民营企业也面临着新的挑战,以积极履行社会责任的形式来树立企业良好的形象已经成为企业发展的首选,在提升企业竞争力的同时助力经济高质量发展。

本章以前文提出的五个营商环境指标为基础,以第6章对山西的个案研究结果为导向,在外部层面上,不断完善相关法律法规,提高政府服务效率,为企业提供公平公正公开的营商环境,使企业有能力且有意愿履行社会责任;在内部层面上,建立健全企业自身管理机制,积极引进人才及构建和谐的劳工关系,提高技术创新能力等,以使企业更好地承担社会责任和认识到履行社会责任的重要性;在政府引导上,制定科学标准政策,提升政策执行效能,为企业发展谋福利,用制度来推进企业履行社会责任。只有为企业创造良好的营商环境,让企业有能力且理解社会责任的含义,才能够真正推进企业社会责任的履行。

7.1　完善企业社会责任推进机制的政府引导作用

在优化营商环境推进企业社会责任履行方面,政府作为社会治理的主体之一,应当发挥其引导作用,结合社会各界力量共同构建优良的营商环境推动企业社会责任建设,增强民营企业社会责任意识。塞缪尔·P.亨廷顿(1987)在《变化社会中的政治秩序》一书中指出:"各国之间最重要的政治分野,不在于它们之间的形式,而在于它们政府的有效程度。"这里的政府有效程度最关键的就在于政府政策执行效能,而政府政策执行效能是政府工作绩效与工作能力的重要体现,对民营企业发展有着积极的促进作用。政策的品质、行政主体的能力、行政制度的优劣、行政对象的素质、行政所处的环境都直接影响着政府政策的执行效能。因此,要充分发挥政府的引导作用,提升政府政策执行效能,至少要做到以下几点:

(1)降低政府干预,转变政府职能,提升政府服务水平与效率。

其一,政府干预度低,进行非生产性活动的可能性也低,进而减少民营企业在非生产性领域的支出,有更多的资源用于履行社会责任;且随着干预度的降低,市场逐渐提升在资源配置方面的比重,民营企业通过履行社会责任获得长期竞争优势的可能性也越高。其二,政府转变职能,加大服务力度,为民营企业提供更好的经营环境、经商体验,减少企业在经营过程中各种不必要的成本支出,民营企业才有可能降低交易成本,提高企业履责积极性,进而加快企业履行社会责任的进程。其三,优化营商环境要致力于提高政府的服务水平与效率,即政府要大力推进"放管服"改革,对企业在生产经营中遇到的困难及托办的事项采用最便捷、最高效的方式,提升民营企业的满意度,降低企业为竞争各种政府资源投入的制度性交易成本,从而将更多的精力转向企业社会责任的履行。

(2)制定企业社会责任相关的政策,提高政府政策的科学性与可行性。

只有紧跟时代发展的步伐,依据当前社会现状,遵循严格的政策制定制度,公开民主依法依规制定的政策,才能够保证其顺利实行并为社会所认同。构建良好的政策环境,才能真正地为企业谋福利,提高民营企业对履行社会责任的认同度。如《国务院办公厅关于进一步优化营商环境更好服务市场主体的实施意见》(国办发〔2020〕24号)的印发就是针对现行营商环境存在的短板和薄弱之处,以及结合当下企业所处的社会环境,制定的帮助企业破解生产经营中堵点痛点的政策,进一步激发市场主体活力,使民营企业"轻装上阵",有更多的精力与能力履行社会责任。

(3)完善行政制度,提高政府政策执行力度,营造廉洁高效的政务环境。

其一,严格的行政制度为政策落到实处增添保障,政策执行的过程是行政主体与行政对象进行交流融合进而使政策落地的过程,政策的顺利落地会为民营企业提供更多的发展机会,企业实现自身发展才能更好地履行社会责任。其二,系统全面的行政制度能够大幅度提升政府的行政能力,如资源配置能力、过程监管能力、组织协调能力等,最大限度地避免行政主体犯错,并对违反政策相关规定的企业依法严肃处理,以此塑造政府形象,提升政府公信力,进而引导民营企业履行社会责任。

(4)加大行政宣传力度,确保信息及时反馈,构建"亲""清"政商关系。

其一,一项政策的有效执行和落地需要进行积极的宣传,让舆论推动政策执行,使行政主体、行政对象充分了解政策的内容、对象、范围、目标,行政宣传不仅将政策告知行政对象,更是接受大众检阅,鼓励企业参与,让更多企业享受政策带来的好处,也让政府更加清楚企业的需求,进而弥补政策的不足,有效提升政府政策的执行效能,企业负担的减少与监管力度的加强都将激励民营企业履行社会责任。其二,宣传力度越大,越能发现政策在执行中出现的问题,政府能够根据企业反馈的信息及时纠正,以免对社会造成不利影响,政府与企业之间实现信息对称,有利于构建"亲""清"型政商关系,政府和企业关系的改善又能够带来民营企业对企业社会责任理念的深层认识。

7.2 优化企业社会责任推进机制的外部制度环境

从宏观层面,本书提出从法制、社会信任、媒体及社会组织等角度去营造一种民营企业社会责任的外部制度环境,实现企业战略管理的多元主体协同治理,不断推进企业社会责任的推进。

7.2.1 改善法律制度环境

随着经济不断发展,企业承担一定的社会责任已成必然,企业能否很好地承担社会责任也引起各界人士的广泛关注。企业社会责任最初产生于道德的需要,但在实践的不断检验下可以发现,企业社会责任的履行除了道德的约束,还需要法律的强化。法律将部分企业社会责任固化,对企业提出最低要求;对于其他一些社会责任,采取法律形式支持或鼓励企业积极履行,并没有强制性要求。由此可看出,通过改善法律制度环境,固化部分企业社会责任以及鼓励一些企业履行社会责任已是必然趋势,也表明法律制度在现在乃至未来对企业社会责任的履行都有着极大的促进和约束作用,在推进企业社会责任履行的同时,为企业构建了一条最低底线。

已有的法律制度,如《中华人民共和国公司法》《中华人民共和国企业破产法》《中华人民共和国产品质量法》《中华人民共和国消费者权益保护法》《中华人民共和国税法》《中华人民共和国反不正当竞争法》《中华人民共和国反垄断法》《中华人民共和国环境与资源保护法》《中华人民共和国社会保险法》等,这一系列法律法规都对企业社会责任的某些方面有了强制性规定,使企业履行社会责任愈加规范。但随着形势不断转变,新的问题接踵而来,现行的法律制度的短板也逐渐凸显:其一,现有的法律制度繁多而分散,对企业社会责任的提及大都趋于某一方面,尚未有一个系统全面的法律制度对企业社会责任进行规范化的管理,对如何解决企业履行社会责任中所发生的利益冲突没有统一的法律制度提供参考,极大地降低了法律执行效率;其二,近年来发生的企业社会责任缺失典型案例(劣质食品、假药销售、污染排放、薪水拖欠、劳动压榨等)表明,法律漏洞仍然存在,相关执法部门执法力度仍有所欠缺;其三,许多民营企业对企业社会责任的认识仍然低下,对企业社会责任的定义、内容及意义没有系统化的了解,需要以立法的形式来加深企业对社会责任的了解。

因此,在已有的法律法规的基础上,依据当前企业所处的环境,加强企业社会责任立法,进一步改善法律制度环境是推进企业社会责任履行的重要措施。为了营造更加法治化的营商环境,拥有更全面更系统的法律制度,至少要做到以下几点:一是立法部门要根据社会发展的现状,将企业社会责任相关法律制度细化,弥补法律空白区域,为民营企业履行社会责任提供更加具体规范的法律依据,使民营企业知道如何履责以及履行什么样的责任;二是不断完善保护劳动者权益、产品质量、环境保护、卫生安全等方面的法律法规,对其中有争议的条款进行补充说明,建立相对完整和系统的法律制度,写明具体的惩罚措施及量刑标准,激励民营企业积极履行社会责任;三是加强执法力度,将法律法规落到实处,严厉打击那些侵害员工权益、偷税漏税、制造假冒伪劣产品、污染排放、浪费资源、贪污受贿等违法犯罪行为,使违法者受到严惩,打消民营企业以为能够逃脱法律制裁的侥幸心理,从而降低企业社会责任缺失率。企业通过法律的完善及执法的深入,在外部层面上对企业履行社会责任进行约束,既能减少因法律法规的不完善而带来的企业社会责任的缺失(拒绝履行社会责任、社会责任履行力度低、为获取自身利益而损害他人利益),也能降低因执法不严而带来的负面激励。总而言之,要让企业更好地履行社会责任,就要进一步完善这一体系相关的法律法规,解决法律制度存在的问题,如《中华人民共和国消费者权益保护法》第49条存在的惩罚赔偿力度过低问题、《中华人民共和国环境保护法》法律效力等级不高且与其他相关法律法规难以统一、《中华人民共和国劳动合同法》未明确全日制工资结算和支付周期等,使企业在法治化的环境中良性发展。此外,法律制度环境的改善必须结合中国经济发展状况,构建和完善符合中国国情的企业社会责任相关法律法规,有效激励和监督企业履行社会责任,从而帮助企业建立良好形象以及创造被市场所认可的产品。

7.2.2　营造公平竞争市场环境

自改革开放以来,企业自主经营逐渐走入大众视野,自主经营意味着要求企业拥有更强的能力,企业自身发展助推经济高质量发展,同时企业能力的提升能够促使企业更好地履行社会责任。然而企业能否真正成为自主经营的市场主体,取决于企业是否处在一个公平竞争的市场环境,因此,推进企业履行社会责任需要营造公平竞争的市场环境,而公平竞争市场环境的营造主要采取以下措施：

(1)完善市场准入退出机制，为民营企业提供便捷的出入市场环境。

各个企业都是市场主体的一部分，都有平等进入或退出的机会，随着"放管服"改革的不断深化，营商环境的不断优化，市场准入、退出机制日益改善，越来越多的民营企业进入市场，审批流程日益精简。但目前的市场准入及退出机制存在的问题依然严峻，如行业垄断使许多民营企业无法参与公平的竞争，专利产品进入市场门槛多、收费高直接阻碍民营科技成果进入市场，民营企业对特种行业的土地使用与国有及集体企业相比尚存在差异，市场主体退出渠道不畅及成本过高等，这些问题的存在既是民营企业对相关制度的认识浅显的表现，也有制度不完善、存在的漏洞的原因。因此，要从多方面完善市场准入退出机制：一是要加大对市场准入退出相关文件的宣传力度，组织民营企业家开展相关政策法规的学习培训，进一步深化"放管服"改革，适当简化审批流程、降低手续费用、提升审批效率，降低民营企业交易成本，进而提高民营企业履行社会责任的积极性；二是要建立督察小组，监督检查各地相关文件的贯彻落实情况，确保文件落地，防止因各种外在因素导致措施失效，以及监督企业出入市场的情况，为民营企业提供最新消息，扶持更多民营企业进入市场，通过扩大市场主体的规模来推动企业社会责任的履行；三是在遵循已有的市场准入退出文件的基础上，根据反馈的信息补齐短板，建立健全市场准入退出机制，提高市场流动效率，优胜劣汰，保证民营企业有足够的能力履行社会责任。市场准入退出机制的完善，以企业的利益为主，为民营企业提供公平竞争的机会，支持民营企业的发展，不断增大市场主体的活力，为企业社会责任的履行增添动力。

(2)深化税收改革，持续优化税收营商环境。

税收作为企业投资与决策的重要参考指标，在经济增长及产业结构方面具有重要影响，税收环境的优化为企业提供良好的体验，提升企业履行社会责任的自觉度。近年来，中国税收营商环境持续改善，随着减税降费力度的加大，不断提升纳税人的获得感和满意度逐渐成为税收改革的主要目标。且伴随着税收制度规范化、纳税服务专业化、纳税管理现代化、税收治理社会化以及涉税服务多元化,税收营商环境不断优化,但仍存在服务资源不足、办税软件滞后、业务流程繁杂、办税时间过长等一系列问题,阻碍税收环境的持续优化。对此,提出以下几点建议:一是税务部门提供更加宽阔的办税场所,加强资源配置,实现纳税人与缴费人数量匹配,提高办税效率,同时成立专门小组对复杂涉税事项之类的税收进行处理,降低企业的顾虑,使企业积极主动地缴纳税费,从而提升企业社会责任履行效率;二是做好申报软件的系统升级,实现线上线下皆可办理,让企业"少跑腿",指尖即可完成,并进行实时更新,提高办税设备性能,优化纳税人、缴费人的使用体验,此外,为纳税人、缴费人提供宣传培训、税收业务咨询、涉税业务提醒、税费缴纳情况、税收最新消息等个人服务使企业实时了解税收优化进程,使企业自愿履行税收方面的责任,减少逃税事件的发生;三是革新纳税服务理念,由管理服务向智能服务模式转变,确保纳税服务及时有效,由规范服务向高效服务转变,不断缩减办税时长,由注重形式向提升效能转变,不断简化业务流程,为企业营造更好的税收环境,提升企业履行社会责任的积极性。

（3）健全信息披露机制,营造更透明的市场监管环境。

信息披露是反映企业经营状况最直接的方法,在促进企业更好地履行社会责任方面,系统的、全面的信息披露机制或强制性或激励性地促使民营企业发布企业社会责任报告,定期反馈企业运行信息,并接受社会各界人士的监督,有助于建立公平公正公开的市场环境,提升企业发展的透明度。而要健全信息披露机制,至少要做出以下努力:一是规范企业社会责任信息披露方式,实现定量与定性相结合的多种披露方式,让企业利益相关者知道企业履行社会责任的真实情况,同时对企业社会责任报告的名称及内容格式范围进行统一规定,使企业社会责任报告规范化,提高企业社会责任信息的可比性,有对比就会有竞争,从而促进民营企业履行社会责任;二是制定强制性与自愿性相结合的企业社会责任信息披露制度,如强制性要求企业披露的法律方面的责任(消费者权益保护、劳工权益维护、产品安全生产、大气污染防治、国家依法纳税、企业依法经营等)和企业自愿披露的道德方面的责任(企业文化传播、资源良性利用、社会公益推动、人才就业驱动、企业诚信经营等),以此来明确企业应当履行的社会责任,提升企业社会责任感;三是组织专门小组,加强对企业社会责任信息披露的审查,制定专门审阅企业社会责任报告的标准,确保信息披露的完整性及准确性,避免企业报喜不报忧的现象以及制造假消息欺瞒大众的行为的存在,审查小组针对企业披露的内容提供相关建议,提升企业社会责任履行成效;四是完善企业社会责任信息披露奖惩机制,并进行正面及负面排名,确保企业参与评选的公允性,按照奖惩机制对负面履责的企业进行惩处,并引导负面履责企业及其他履责一般的企业向正面履责企业学习,鼓励企业积极履行社会责任。

7.2.3　优化金融服务环境

企业能否获得稳定的资金来源决定着企业能否良性发展,而中国金融发展比较滞后,自由化水平也比较低,进一步加深"融资难"困境,虽然金融服务环境不断在改善,企业"融资难"问题也不断在解决,但依旧存在许多问题:银行机构贷款门槛高,民营企业"惜贷""惧贷"而导致"融资难";融资渠道及方式过于单一难以满足民营企业融资需求;民营企业因规模较小、抵押物不全难以取得金融机构的信任,以及金融机构对企业贷款金额、年限、利率的限制都制约着民营企业融资;金融体系不完善,银企信息不对称使民营企业不了解融资具体信息,走入融资困境。

要解决融资服务存在的问题,就必须优化金融服务环境,而要做到这项工作就必须从以下四个方面着手:一是建设民营企业公共服务平台,实现银企信息对称并拓展融资渠道。利用互联网、云计算、大数据等信息技术构建信息查询、贷款优惠、网上贷款等一体化的融资平台,推动金融机构与企业进行线上对接,使企业了解融资相关信息,并对企业的金融需求与金融机构的产品进行配对,提高融资效率,助力民营企业迅速在市场中站稳脚跟,进而有能力履行社会责任。二是发展中小型金融公司,加大财政支持力度。大力发展村镇银行、小微企业互助基金之类的中小型金融企业,推动民间借贷方式的出现,同时努力吸纳金融租赁、风险投资、信托、担保等非银行金融机构,减轻银行的借贷压力。提升民营企业贷款风险补偿能力及贷款金额,增加金融机构对民营企业的资金投入,鼓励民营企业发展。三是探索无形资产融资模式,为缺乏抵押资产导致难以顺利融资的民营企业提供机会,同时开通绿色通道,简化民营企业信贷审批流程,省去不必要的环节,提高金融服务水平,切实解决民营企业资金困境,使企业愿意去履行社会责任。四是加强企业信用建设,有利于企业获得融资。相较之那些不履行社会责任或失责的企业,金融机构更倾向于贷款给一个充分履行社会责任获得良好声誉的企业,为了提高信誉度,优先获得贷款,企业也会积极履行社会责任。

7.2.4　改进非国有经济投资环境

投资是企业发展的重要决策之一,好的投资方向会给企业带来巨大的收益,企业获利才会有更多的资金去履行公益慈善、精准帮扶之类的社会责任,但很明显,现如今投资环境并不完善:投资结构不当,使得企业资金利用率低,企业在进行投资时大都趋向于设备更新、技术引进、人才培养、市场拓展等方面,但也有部分企业过度关注扩大企业规模而忽视了人才与技术的重要性,使得资金打水漂;投资与企业自身能力不匹配,影响企业长期发展,且企业投资时只注重眼前利益,未考虑是否在企业正常经营所能承受的范围内以及投资的项目是否拥有好的发展前景。

因此,要使民营企业精准发力,就要改进非国有经济投资环境,为民营企业营造良好的投资氛围,避免企业因盲目投资而造成损失,对此,提出以下三点建议:一是督促民营企业合理选择投资方向,考虑自身发展规模及预测风险是否在企业能够承担的范围内,在保证企业资金能够顺利流通且投资方向、结构合理的前提下,有计划地寻找适合企业长远发展的投资,以免造成资源的浪费,不利于企业社会责任的推行。二是大力培养人才,促进就业。弥补非国有企业员工与国有企业或集体企业相比,存在的能力不足、观念落后的问题,而非国有企业作为吸纳劳动力的主要渠道,对促进就业方面的社会责任有着极大的推动作用,所以要调整投资结构,注重人才培养,积极履行其在社会就业方面的社会责任。三是加大企业社会责任履行方面的投资,如慈善捐助帮助贫困学子、孤儿就医就学,公益支出帮助保护环境、提供便利,政策支持帮助贫困人口精准脱贫并拥有自己赚钱的能力,大力推动道德方面企业社会责任的履行。

7.2.5　提高社会信任程度

要想构建一个健康且有效率的社会,信任必不可少,但随着电信诈骗案件、食品安全案件、假冒伪劣产品的不断出现,信任缺失成为当前不得不面临的难题。在这种信任缺失的现象下,人们最突出的表现就是对"自己人"有着极高的信任,但极其不信任其他外来人员。随着经济体制的不断变革,陌生人之间的联系愈加紧密,社会信任度有所回升,但不可否认的是,社会信任危机仍然存在并且极大地阻碍着企业与社会的进步,提高社会信任程度依然刻不容缓。

因此,要改变信任缺失的现状,就要贯彻落实科学发展观,把建设社会信任体系放在战略高度上予以重视,营造诚实守信的商业环境,至少从以下几方面进行:其一,加强诚信教育引导,提升市场主体之间的信任度。企业履行社会责任是在关注利益相关者的利益诉求和期望的同时获得内外部不同利益相关者的信任,从中建立信任机制,并以此达成长期合作关系。不同的企业在资源配置、价值偏好、目标追求等方面都存在一定的差异,有的企业为了追求利益,出现各种不正当的短期行为,破坏市场主体之间的信任关系。因此,必须深入持久地开展社会信任建设系列宣传活动,弘扬诚信之风,使诚信成为企业的立足之本,进而帮助企业获得更高、更稳定的信任,与不同利益相关者建立信任守约机制。其二,建立完善信用信息系统,实现信息对称与监管严格。在日常生活中,逐渐深入地沟通交流就能够建立相应的信任机制,但在市场经济中,社会交往和市场交易通常都是在陌生人之间进行,那么信息的不对称就直接导致信任的缺失,尤其是在日益注重个人隐私保护的现在,信息不对称的现象更加突出。所以要加大社会信用的监管力度,健全信息管理机制保证企业及个人信息的安全性,加快个人、企业乃至政府机构等信息登记系统的建设与完善,实现信息的对称从而消弭因此带来的信任危机。此外,严格监管、严厉打击"暗箱操作"及知法犯法之类的腐败问题,斩断

"利益的指挥棒",消弭一切不法,并将相关信息公开,增加信息的透明度并起到警示作用。其三,发挥政府职能,建立健全社会信用体系,提高社会信任程度。诚信是市场交易的前提,信用是市场交易的必要因素,只有交易双方彼此信任,才能实现可持续发展,而两者信任的建立需要政府发挥其职能,加强民主与法治的建设,为其提供制度保障,很多企业正是因为失信却没受到应有的惩罚,从而继续欺骗,造成恶性循环,导致社会信任程度大打折扣。所以,政府要健全法律制度,为信用缺失的企业及个人提供规范的法律参考,严格做到"有法可依、有法必依、执法必严、违法必究",以制度鼓励企业诚实守信,从而提高企业间的信任度。此外,政府在建立健全相应制度后,要加大相关部门执法力度与监督管理力度,调解处理企业间的商业信用纠纷,依法严惩失信企业,并且政府自身起到模范带头作用,树立守信形象,引导全社会共同提高信任程度。

7.2.6 发挥新闻媒体舆论监督作用

媒体的主要作用是根据政府的宏观政策形成企业社会责任的舆论环境。企业是在一定的社会环境中发展和运作的。

近年来,新闻媒体舆论监督对于企业社会责任的积极推进作用愈加明显,新闻媒体的监督职能也早已获得大众认可,其通过对社会上某些违法、违纪、违背民意的组织及行为进行公开报道,让隐蔽的黑暗行为曝光,协调人民群众的力量切实维护人民的利益,媒体舆论早已在劳工权益保护、消费者利益维护等方面发挥了重要作用。同时新闻媒体对某些具有模范引领作用的行为进行公开宣扬,引导民众向其学习,正面报道更是激励企业履行社会责任。新闻媒体很好地发挥其舆论监督作用,对企业优秀行为进行赞扬,对违法乱纪行为进行抨击,很好地弥补了法律制度的空缺。

然而,要想最大限度地使新闻媒体发挥作用,至少要做到以下几点:首先,建立媒体奖惩机制,提升媒体竞争力。媒体作为联系社会各方力量的重要枢纽,是大众获取最新信息的主要方式,因此需要建立媒体奖惩机制,对媒体行为进行评价,对表现突出、踏实真实报道的媒体予以各种形式的奖励,以促进新闻媒体监督的积极性,推动企业根据新闻媒体反映的情况进行相应整改,从而弥补政府监管及企业自身监管的不足。对虚报瞒报,为追求利润而放弃初衷,操纵社会舆论的媒体,予以严惩并公开声讨,以免影响市场的顺利运行。奖惩机制的产生制约和鼓励新闻媒体,提升媒体竞争力,支持媒体宣扬企业履行社会责任的优秀做法和经典案例,帮助企业树立良好形象和积极发展。同时鼓励媒体深度挖掘企业履行社会责任负面案例,引导舆论,将履行社会责任力度低及不愿履责的企业引上正道,营造积极履行企业社会责任的良好氛围,传输企业自觉履行社会责任的良好意识。其次,建立媒体报道监督小组,确保媒体报道的质量,要尊重公众的知情权,及时、准确、充分地发布报道。严厉打击个别媒体为迎合个别企业而篡改事实真相,扰乱市场秩序的行为,以及破坏报道结构,倾向于为观众提供娱乐性或轰动性的特定报道来调动社会氛围,进而忽视真正有意义的新闻。对此,建立督察小组,可以结合人民群众与政府的力量,对新闻媒体进行监督,也可同行互相监督,定期进行排名评选,引导新闻媒体客观公正地进行报道,为人民群众提供真实可信、意义深远的最新消息,当好社会的传话筒,发挥其舆论监督作用。更要不受利益蛊惑、不畏强权欺压,清除企业履行社会责任中的伪善行为,将最真实的情况反映给大众,促进企业积极履行社会责任。最后,将媒体报道的深层次内容通俗化表达,提升关注度。这就意味着新闻媒体既要坚持公正的原则而深入挖掘细节找到"新闻点",也要会撰写报道稿,将涉及面过广及过度专业化的知识用较为接地气的语言和方式传达给大众,激发读者的阅读兴趣并从中了解相关时事。即新闻媒体既要拥有敏锐地发现新闻的眼睛,也要学会通俗化表达将事实传播给大众,这样新闻媒体才能起到好的舆论监督效果。

7.3 健全企业社会责任推进机制的内部治理机构

企业既要从战略管理角度看待社会责任也要从制度上加强建设。在战略管理上,企业应树立责任理念,建立责任绩效评价机制,制定各种方案责任策略等,以推进社会责任与企业日常生产经营活动相融合,不断促进社会责任战略管理体系的健全。在制度建设上,企业应该分章程、分条建设社会责任制度,设立监督机构,促进企业行为的规范化。企业从战略与制度上推进社会责任不仅符合人与自然和谐相处的理念,促进社会和谐、可持续发展,还可以提高企业知名度,为风险的到来做好准备,拓宽资源获取渠道,提高自身软实力,增强企业竞争力。

7.3.1　自觉遵守法律制度

税收是国家的主要收入来源,对维持国家事务的正常运行起着非常重要的作用,但偷税漏税的情况屡见不鲜,总有人或者企业为获得更多的利益触犯法律;环境关系着每一个人的健康及正常生活,但仍然有企业忽视环境保护的重要性,大力排放污染物,造成水污染与大气污染,影响人类正常生活;员工是一个企业经营的基础,是企业的宝贵资源,企业要想发展就要坚持以人为本,积极履行对员工的社会责任,切实保障员工的利益,虽然已经有《劳动法》及《劳动合同法》之类的保障员工权益的法律性文件,但在日常生活中,拖欠员工薪水、延长工时、增加工作强度的事件仍然存在,员工的权益仍然遭到侵犯。这些就要求企业自身进行整顿,增强社会责任意识,自觉遵守法律制度。

对此,要求企业至少做到以下几点:一是依法纳税,按时按量缴纳税费,切忌偷税漏税,知法犯法,确保社会财富能够顺利进行再分配,是企业本身就应当履行的社会责任。二是依法排污治污,保护环境。可以从加强员工环保意识教育、建立环保检测小组对企业日常生产经营活动进行检查、监测以及制作环保事故危机处理预案为企业环保工作建立最后一道防线等三方面增强企业环保能力,推动企业履行社会责任。三是依法保障员工权益,增强社会责任意识。①改善员工工作环境,为员工创造一个卫生、舒适、愉悦的工作氛围,对员工进行技能培训,以提高员工的工作能力,拓宽员工的知识视野。②提供公平的升迁机会,激发员工工作学习的积极性,企业实现人才自主培养,避免部分员工因能力不足而失业,增强员工的安全感,分担社会就业。

③根据企业自身发展状况提供合理薪酬,实现利益共享。员工的工资至少应与同行业相同或相近,必须确保薪酬符合相关法律标准,提供与员工工作相匹配的报酬以保障其生活。并依据企业自身能力对员工发放各种福利,为员工制定满足不同需求的福利措施,对工作表现优异的员工发放奖金,对额外劳动的员工发放相应津贴或补贴,鼓励员工努力工作,在企业有能力的基础上,还可以帮助员工缴纳五险一金,切实维护员工的利益。④坚持"以人为本",提升企业凝聚力。在企业日常运作中,将各级员工视为一家人,予以相应的尊重,为员工提供平等参与企业事务的渠道,鼓励员工发表意见,对好的建议积极采纳,让员工感受到自己存在的意义,是企业的一分子,平等享有一定权利。除依法保障员工权益外,企业可以加强员工培训和人力开发,精准服务企业人才需求,在满足员工生活、安全、尊重需求的基础上,按照企业发展愿景与员工发展意愿开展相关技能知识培训,深度挖掘员工的潜在技能,打造学习型企业,实现企业与员工共同进步,同时提升员工就业竞争能力,履行企业分担社会就业的责任。

企业不仅仅要依法纳税、依法排污治污、依法保障员工权益,还要遵守方方面面的法律法规,切实维护企业自身的利益,也保障所有利益相关者的利益,履行相应的社会责任,减轻社会负担。

7.3.2 提升技术创新能力

技术创新既是国家经济发展的原动力,更是企业形成自身核心竞争优势的主要来源,是企业可持续发展的基础。企业技术创新能力的提升,能够优化资源配置,提升企业内部各项资源利用率;能够提升企业竞争能力,保证企业长久获利且实现可持续发展;能够精准把握市场发展的方向,为大众接受并领先于其他企业。技术创新有利于企业的长远生存与发展,而要实现技术创新能力的提升,要遵循以下举措:

(1)采用先进的技术设备,减少资源浪费与环境污染。

随着科技的不断发展,智能化进入大众视野,企业要紧跟社会发展的步伐,引进先进技术设备,提高劳动生产率,减少资源耗费、防止污染,促进企业长远发展。企业要落实科学发展观与可持续发展理念,认识到环境保护对企业发展的重要意义,切忌急功近利而因小失大,要把绿色发展理念写入企业发展目标,采用适合企业的绿色发展设备,在促进企业自身发展的同时履行社会责任。

(2)加强与高校、科研院所的合作,引进先进技术与人才。

技术创新需要良好的人才体系,拥有一流的创新人才或一流的科学家就能在技术创新中占据优势,人才战略已经成为技术创新最基本的要求。美国、英国、加拿大、比利时等科技水平较高的国家发布的科技创新报告表明,科技创新人才占比已经成为评价技术创新水平的重要指标。因此,企业要充分利用高校及科研院所的技术成果与学科能力,通过成果转让、联合研发、委托开发等形式与高校或科研院所建立长效合作机制,挖掘高校及科研院所的智力与人才优势,提升企业自身技术创新能力,以推进企业社会责任的履行。

(3)增强技术创新意识,坚持技术创新活动。

企业提高技术创新的目的有两个:一是创造顾客价值,优良先进的产品能够给顾客带来好的体验,提升企业的品牌形象;二是企业价值,企业通过技术创新提供高效益、低成本、质量优的产品与服务,获得更高的利益与市场地位。但由于技术存在综合性强、集成性高、信息透明化等特点,导致技术交易成本高,以及技术交易无法保证能够完全获得技术相关的知识与技能,通常采取技术合作形式进行技术创新,以及技术创新是一个漫长而又艰难的过程。因此,企业要有强烈的技术创新意识,才能坚持下来直到成功,有利于提升企业的获得感与坚韧性,助推企业社会责任走向新高地。

(4)推动企业成为技术创新的主体,加大研发开发投入力度。

企业要力争成为技术创新决策、投资、研究开发的主体,企业要有敏锐的市场目光,不仅要专注当下市场,更要洞察国内外市场潜在的需求,先发制人。有计划地建立技术创新中心,多方筹措资金,引进技术创新人才,解决企业在技术创新中遇到的资金、市场、技术等问题,积极研发新产品,努力使企业拥有自主的专利、技术及科研成果,提升企业核心能力与竞争力。此外,构建原始创新、集成创新、引进再创新一体的创新管理机制,使企业成为技术创新的主体及技术创新的推广者,最终实现技术创新能力的提升,助力企业履行社会责任。

(5)建立科学决策机制与风险防控机制。

技术创新工作的前提就是找准方向,确定项目的可行度,完善重大技术创新项目的决策规则和流程,并建立决策失误责任追究及定期评价制度,确保决策的科学性和可行性,降低因决策失误带来的巨大损失。同时建立规避、转移、分散、预警为一体的风险防控机制,首先在决策时,回避高风险的技术创新领域,选择适合企业发展现状以及企业能够承担的风险范围内的技术创新领域及项目、方案;其次,企业可以将部分或全部风险进行转移,如可以通过吸收风险投资、进行科技或项目保险的方式实现财务转移,以及通过技术转让、委托开发、联合研发的形式实现客体转移等;然后企业可以进行联合项目研发以进行风险转移,使整体风险降低;最后建立风险预警系统,对技术创新风险进行识别、预测、评估,并将风险进行等级划分,预警呈现也不同,方便企业及时做出防范。

7.3.3 完善企业内部管理机制

企业社会责任的履行者就是企业自身,因此,在推进企业社会责任的履行过程中,应当重视企业内部管理机制的建设,从企业内部出发,探究如何推进企业社会责任履行。政府已经明确要求企业在劳工权益、资源节约、环境保护、产品质量、卫生安全等方面加强内部管理,但要真正做好这项工作,需要从以下几个方面进行:

(1)加强企业社会责任教育培训,让企业所有人员充分了解企业社会责任的概念以及履行企业社会责任的意义。只有企业上下一心,给予充分重视,领导层以身作则、践行承诺,实现经济效益与社会效益、短期利益与长期利益、企业发展与社会发展的协调统一,员工实现企业社会责任与职业发展相结合,才能真正地推动企业社会责任的履行。因此,企业要加大社会责任宣传力度,贯彻企业社会责任理念,对企业内部无视企业社会责任的成员进行思想教育或依程度进行降职或革职处理,调动企业内部所有成员积极参与,身体力行地履行企业社会责任。

（2）建立企业履责机制及危机处理机制,确保企业社会责任的顺利履行。企业将社会责任纳入发展目标后,要建立专门部门对企业社会责任履责情况进行记录评估,确保工作落到实处,并逐步形成对企业社会责任履行的预算管理,贴合企业自身能力提高企业社会责任履行力度。此外,还应当建立相应的危机应急处理预案,对工作中突然遇到的危机及时止损,将损失降到最低,对后续出现的问题,及时反馈解决。若是损害消费者权益、降低社会公众信任度这样的重大问题,企业要及时公开致歉并表明态度;若是一些小问题,也不容忽视,及时进行沟通解决,以免积少成多变成阻碍企业发展的大问题。

（3）发布标准的企业社会责任报告,使企业接受公众的审阅。企业自主进行企业社会责任信息的披露不同于政府强制性的要求,更有利于树立良好的企业形象,也公开表明企业诚信经营,不惧大众的检查。同时要使企业社会责任报告标准化,不仅是格式,更多的是内容完整准确,杜绝作假报告之类的伪善行为的发生,报告内容包括但不限于安全生产、环境保护、资源节约、产品质量、促进就业、员工权益、公益事业,有助于提升企业透明度,促使企业自内而外地审视服务社会的能力,发现自身不足,进而不断推进企业履行社会责任,改善企业社会责任履责效果。

（4）调整股权结构,使企业各董事间相互制约,防止权力过大而谋求私利损害企业利益。王长义（2007）指出公司治理对企业社会责任有影响,股权结构的变化是影响企业社会责任程度的因素之一。因此,要平衡好第一股东与其他各股东之间的权力,相应地增强其他股东的监督能力,以防第一大股东做出侵害公司利益的事,但也不可过度压制第一大股东的权力,股权制衡程度过大意味着第一大股东所占股权比重下降,削弱其治理公司的积极性,导致权力流散不利于企业发展,所以要在制衡中寻找平衡点。此外,还要建立相机决策机制,在企业的利益相关者的利益遭到侵害时,企业及利益相关者可以通过转移相应权利或执行相关法律制度保障自己的权益,将损失降到最低。

（5）调整董事会结构规模，提高董事会运行效率。董事会在企业决策方面的作用越来越大，而董事会规模的不同极大地影响着董事会的运行效率，董事会的主要职责是决定企业的发展战略、规划及经营方针，这也就要求董事会成员要有较高的知识及能力，那么董事会的构成就要考虑知识、能力、特长、性格、经验等各方因素，扩大董事会规模有利于使董事会组成趋于合理，做出科学可行的决策，但若董事会规模过大，工作落不到实处，容易造成董事会内部部分人员空闲，相互推脱工作，无法切实履行董事会的职责，一定程度上阻碍企业的运营。因此，要根据企业实际发展状况，调整董事会规模，建立适合企业发展的董事会，既要避免因董事会人数过少引起的决策混乱，也要预防因董事会人数过多而出现的"搭便车"现象。除此之外，还要适当地调整董事会结构，可以考虑制定相应制度，使企业的利益相关者都有平等参与企业决策表决的机会，通过加强利益相关者参与度来提升获得感与满意度，同时增加企业决策的民主性与科学性。

7.3.4　倡导正确的治理伦理

中观层次上形成以契约和诚信为纽带的伦理关系，即通过订立并遵守各种经济合同，坚持诚实经营，保证交往的公平与公正，表现为企业既有在市场中取得其他企业的资金、技术、信息、人员帮助的权利，也有遵循市场竞争的规则和以诚实信用维护市场秩序的义务。研究表明，企业合乎道德的行动一方面会形成企业的声誉收益，另一方面可以减轻企业由于疏远核心利益相关者而导致的声誉毁损风险。所以企业通过从商业伦理方面为自己制定更高的社会责任标准，将在很大程度上约束管理人员做正确的事情，防止其在经营中出现违纪违法行为。

（1）不断健全公司治理结构、完善企业的治理规则、倡导正确的治理伦理，确保企业战略选择的科学性和合理性。目前中国的公司治理模式呼唤伦理精神的回归，即企业也需要真正的伦理治理战略。因此，需要将治理伦理融入企业的管理、治理和控制结构之中，从而提升公司的伦理水准。按照风险理论，伦理风险管理必须涉及伦理业务实践的指导和激励组织内这类行为的机制。在具体的操作方面,公司治理需要执行层面有领导者、各个层面上有伦理日程表、伦理审计有承诺,而且公司有必要制定管理和评价公司治理伦理进度的程序。具体表现:一是应该完善股东大会治理伦理。股东伦理直接影响企业整体的经营管理活动,对企业的治理伦理具有举足轻重的作用。一方面,要加强股东自身行为的伦理性,特别是大股东行为的伦理性,使其在对公司决策、行为施加影响时,要坚持伦理导向。另一方面,在股权结构的制度设计中应当体现伦理的理念,防止"一股独大"所引发的"关键人控制"和"内部人控制"的问题。二是应当完善经理层治理伦理。建立起对经理层考核的"伦理激励"机制,这种机制除了追求经营业绩结果,还关注结果的获得方式,对企业的治理有一定的作用。

（2）构建良好商业伦理环境与氛围。商业伦理是一种巨大的无形资产,是商业经营者永续发展的原动力,这一点也已经被古今中外无数商海沉浮的案例所证明。现代商业伦理更加强化了商业的可持续发展理念,现代商业伦理也就成了现代商业可持续发展的润滑剂与驱动器,拥有良好商业伦理环境与氛围的企业才能不断地壮大发展且永葆生机与活力。因此,为了营造支持合乎商业伦理行为的氛围,首先,企业要认真思考、广泛讨论、深入总结,支持合乎伦理行为的组织价值观和员工道德行为规范。其次,要积极宣传商业组织的价值观与道德行为规范。要在商业组织内部积极宣传,让员工们随处可见,随时可想,随人可谈,而且还要在社会广泛宣传,要通过产品介绍、广告、媒体介绍等渠道大力向社会推介宣传企业的价值观与员工的道德行为规范。再者,公司应当建立一种积极的组织伦理气氛,从而对组织及其成员的道德行为形成较强的影响力和控制力,使其在自愿性信息披露的过程中自觉遵守法律和道德规范,尽力权衡利益相关者的利益要求,寻求经济价值和道德价值的有效统一,从而有效减少并正确处理伦理冲突,切实保障广大投资者的利益。这样,才能从文化的深层机制上促成现代商业合乎伦理标准的商业行为,才能有效防范战略风险。

7.3.5 加快产品创新与服务多元化

随着国内经济由高速增长转向高质量发展,企业需要面临发展方式转变、经济结构优化和增长动力转换的挑战。与此同时,市场端又面临消费结构升级、需求结构调整、对供给质量和水平的要求更高。对外开放程度的加深除了为企业带来更大市场,也将企业置于更广阔领域的竞争之中。因此,企业要想在激烈的市场竞争中求得生存与发展,就需要不断提升自身的综合素质。

(1)"互联网+"推动企业全方位和多元化创新。

伴随着中国特色社会主义进入新时代,未来脱颖而出的企业依靠的可能不单单是某一个独特的商业模式,更依靠企业对社会的担当,对利益相关者的责任。如今,"云""网""端"已经成为支撑产业升级和企业发展的新一代基础设施,更多的创新资源将向该领域积聚。在互联网的推动下,企业的发展理念更加丰富,发展空间更加复杂多维。跨界经营和企业生态圈的构建,使得传统产业边界日益模糊。企业可以沿着核心能力实现产业延伸,也可以根据信息和知识积累拓宽产业边界,还可以沿着客户群的需求去实现后向垂直整合,抑或借助大数据平台对现有商业网络实现利益增值重构。互联网开放、共享、协同、去中心化的特征推动创新主体、创新流程和创新模式的深刻变革,越来越多的企业将借助互联网在研发、设计、制造、营销及服务等多环节实现与用户的互动分享,构建客户需求深度挖掘、实时感知、快速响应、及时满足的创新体系。此外,企业组织形态呈现小型化、分散化、创客化、网络化、平台化等多维发展的态势,为此要建立以大数据应用为支撑,以产品和技术标准为纽带,推动企业全方位和多元化创新。

(2)企业要加快产品创新与服务多元化。

创新对企业发展具有重要的影响。通常,创新活动具有典型的高风险与高收益并存的双重特征。一方面,加大创新投入能够有效帮助企业获取技术优势,塑造技术壁垒,提高产品利润;另一方面,创新活动的结果是不确定的,一旦失败,即有可能引起企业利润的大幅波动。由此可见,在加快企业产品创新的同时更要采取有效措施积极应对风险。

企业对核心技术会投入大量的资源,但由于成本控制和自身精力有限,对风险的研究和控制却相对较少,但是战略风险对企业的影响却是巨大的,有时甚至是毁灭性的。因此,加快产品创新与服务多元化,一方面,通过合作创新和技术联盟,不但可以提升企业的市场竞争力,而且对企业战略风险具有十分重要的意义。加快产品创新和服务多元化能够让企业在国际竞争方面快速提高竞争力,也就是说企业的整体产品创新和服务的多元化,需要企业在实施具体业务操作的过程中,不断整合资源、设定战略规划的方针、提高细微推进的方式水平、保证各项活动能够按照要求进行,更能够使活动符合客户的需求,在产品创新和服务多元化的整体规划上,以商业服务为主、以文化传播为辅,使活动能够展示出国家与国家之间的优势合作、民族与民族之间的文明对接。真正发挥企业类型的优势,强化企业在发展进步过程中,创新出更新的模式、更新的方法、更新的理念来适应不断变化的市场需求。另一方面,坚持底线思维,为企业创新提供必要的风险预警。企业有必要科学规划创新投入和制定创新策略,提高创新投入的使用效率,避免出现反向结果。有关部门对企业创新要进行科学引导,不仅要为企业的优质创新项目提供良好的政策支持,促进科技成果转化,更需要及时为企业指出创新可能存在的风险点,警示企业避免短期化冲动,追求长远健康发展。另外,通过健全的企业战略风险防范机制,在实施决策时将实际情况与企业战略进行对比,一旦发现不足应当及时调整,从而为企业战略的有效执行发挥至关重要的作用。

7.4　本章小结

如上文分析,基于优化营商环境的企业社会责任推进机制的实现路径可以从外部制度、内部治理及政府政策效能三个方面展开。本章结合前文的个案研究及实证检验结果,从企业外部制度、企业内部治理及政府引导三个方面提出相关建议。

在政府引导方面,采取措施使优化营商环境的一系列政策提质增效,帮助民营企业更好地履行社会责任。首先降低政府干预并转变政府职能,提高政府的服务能力,使民营企业有更多的资源用于履行社会责任;其次科学制定政策,使政策科学有效,使民营企业"轻装上阵",有更多的精力履行社会责任;然后完善相应的行政制度,提高政府执行效能,营造廉洁高效的政务环境,引导民营企业履行社会责任;最后是加大行政宣传力度,提升政府工作的透明度,构建新型政商关系,加深民营企业对企业社会责任理念的认识从而推动企业履行社会责任。

在企业外部制度方面,企业社会责任的推进机制实现路径主要从完善法律制度、营造公平竞争市场环境、优化金融服务环境、改进非国有经济投资环境、提高社会信任程度及加强新闻媒体舆论监督四方面进行。在改善法律制度环境方面,首先需要构建更加具体规范的企业社会责任法律法规,如不断完善《中华人民共和国消费者权益保护法》《中华人民共和国环境保护法》《中华人民共和国劳动合同法》等相关法律制度文件,将部分条款细化,并对有争议的条款进行商量协定,弥补法律漏洞;其次,给出企业社会责任缺失的具体惩罚及量刑标准,严格执法,打击违法犯罪行为,通过法律对企业履行社会责任进行约束。在营造公平竞争市场环境方面,首先完善市场准入、退出机制,给予所有企业平等出入市场的机会,扶持民营企业发展,进而加大企业社会责任履行主体规模;然后要不断深化税收改革,为企业营造公平的税收环境,提升纳税人的获得感与满意度;最后是健全信息披露机制,提升企业透明度,激励企业履行社会责任。在优化金融服务环境方面,首先,建设融资通服务平台,实现银企信息的对称,拓宽融资渠道,提高融资效率,使企业有能力履行社会责任;其次是扩大借贷机构的规模,吸纳更多资金用为民营企业提供更多的融资机会,鼓励民营企业发展;然后创新融资模式,简化融资流程,解决企业融资困境,使民营企业愿意履行社会责任;最后是提升企业自身信用度,为了提高获得贷款的可能性,积极主动地履行社会责任以加强自身信誉建设。在改进非国有经济投资环境方面,首先促使民营企业选择适合自身发展的投资方向,实现资源的最大化利用,以获得更多收益用于履行企业社会责任;其次是调整投资结构,注重人才的培养,使企业整体能力上升的同时促进就业,推动企业履行社会责任;最后是加大企业社会责任方面的投资,提升公司形象并推进企业社会责任建设。在提高社会信任程度方面,首先对企业进行诚信教育引导,拉近市场主体之间的距离;其次建立健全信息、信用、监管三位一体的信任系统,实现信息对称透明,企业相互守信,监管落到实处;最后政府发挥职能,为社会信任提供制度保障,以调动社会各方主体力量提高信任程度。在新闻媒体舆论监督方面,首先建立媒体奖惩机制,提升媒体间竞争力,鼓励媒体向大众传递真实信息;其次建立媒体督察小组,保证媒体报道的真实性及可靠性,运用舆论的力量,引导企业履行社会责任,从而推进企业社会责任的履行。因为不同行业、不同地区的企业所面临的外部制度环境不同,所以要根据企业实际情况,改善外部制度环境,寻找适合企业发展的环境,才能够激励企业履行社会责任。

在企业内部治理方面,要从自觉遵守法律制度、提升技术创新能力及完善企业内部管理机制等几方面进行。在自觉遵守法律制度方面,可以从依法纳税、依法排污治污、依法保障员工权益等方面着手,这三者本身就是企业社会责任的内容,且其自觉遵守法律制度又能推动整体企业社会责任的履行。在提升技术创新能力方面,企业要引进先进的技术设备,紧跟绿色发展的步伐,同时培养创新人才,提升创新能力,另外使企业成为技术创新的主体,在解决人才、资金、场地等一些问题的基础上,努力研发让企业拥有自主的专利、技术及科研成果,以增加利益相关者的利益,此外,还要建立科学决策机制与风险防控机制,用一切办法将企业可能承担的风险最小化。在完善企业内部管理机制方面,首先企业内部进行企业社会责任教育宣传,使企业社会责任理念成为企业发展的战略目标;其次,构建企业社会责任履责机制及危机处理机制,确保履责工作顺利落地;然后企业自主发布标准社会责任报告,实现企业的公开透明化,帮助企业认识自身的不足及获得良好声誉;再是构建制衡的股权结构,确保企业利益不受损害;最后是调整董事会规模,提升董事会运行效率,以增加企业事务决策的科学性及可行性。

第8章 研究结论与展望

8.1 研究结论

本书以优化营商环境为主线,深入剖析营商环境在推动民营企业履行社会责任过程中的行为与作用,通过对利益相关者理论、协同治理理论、资源依赖理论、制度变迁理论以及可持续发展理论等基础理论的系统梳理,以及对营商环境及其评价指标、民营企业社会责任及其影响因素的相关文献进行回顾,运用案例分析、实证检验等方法,对基于营商环境优化的民营企业社会责任推进机制这一问题进行了全面系统的理论研究。本书主要围绕何为企业社会责任的本质、何为营商环境的优化及营商环境优化的民营企业社会责任推进机制的实现路径是什么这三个基本问题展开深入研究。具体而言,本书的主要研究如下:

(1)通过重新界定营商环境、民营企业、企业社会责任等概念,定位企业社会责任推动机制认识其本质。现有研究主要是从单一维度及单个营商环境的角度分析和回答了企业如何履行社会责任以及履行什么样的社会责任,并没有对营商环境的整体优化对于民营企业社会责任的推进机制的作用机理进行全面的分析和论证。本书首先参考了国内外学者的研究文献,结合相关理论分析,对营商环境、民营企业、企业社会责任等概念进行了重新界定,在此基础上进一步构建了企业社会责任的推进机制,然后以利益相关者理论、协同治理理论、资源依赖理论、制度变迁理论以及可持续发展理论等相关理论为依据,探讨不同的营商环境因素在企业社会责任推进机制中的作用,找到营商环境优化与企业社会责任推进机制的内在逻辑联系。

（2）通过分析营商环境与企业社会责任履行现状,构建企业社会责任动力机制的分析框架。目前关于企业社会责任的动力机制的研究更多的是从企业规模、所在行业、盈利能力等企业个体层面对企业履行社会责任的影响进行分析,缺乏有力的理论框架支撑和足够的实证检验,较少地关注企业是如何在所处的社会环境中来履行社会责任的。本书通过对国内外相关文献的分析以及对山西省民营企业的个案研究,论述了营商环境优化及企业履行社会责任的现状及潜在问题,进一步从社会、政府和企业三个角度对企业履行社会责任推进过程中的现状和成因进行分析,在此基础上,构建了营商环境优化视角下,中国民营企业社会责任推进动力机制的理论框架。

（3）本书立足于中国当前转型经济环境中独特的发展背景,分别选取法治、政务、金融服务、技术创新、非国有经济投资等五个营商环境指标对企业社会责任的履行状况影响进行了实证检验。目前,现有的针对企业社会责任推进机制及其实现路径进行分析的文献多数是规范分析,少有文献对其进行可行性与有效性检验。本书依据营商环境对企业社会责任推动制机制的分析框架,以法治环境、政务环境、金融服务环境、技术创新环境、非国有经济投资环境为营商环境子要素,并结合个案研究相关结果,通过实证研究分析和检验其对民营企业社会责任履行情况的影响,揭示了影响民营企业社会责任履行现状的关键因素及作用机理,找到符合中国国情的企业社会责任推进机制的有效实现路径。

（4）本书通过实证检验发现,第一,法治环境越完善,越能促进民营企业履行社会责任;政务环境越好,越能推动民营企业履行社会责任;金融服务环境越优良,越能推进民营企业履行社会责任;技术创新环境的优化有利于民营企业提高民营企业履行社会责任的积极性;非国有经济投资环境越好的地区,对民营企业履行社会责任的推力越强。第二,就行业异质性而言,对制造业民营企业社会责任履行的推动可以从优化法治环境、政务环境、金融服务环境、技术创新环境、非国有经济投资环境等五个方面进行,而对非制造业民营企业社会责任的推进只能从优化金融服务环境方面进行。第三,就地区异质性而言,内陆地区民营企业社会责任的履行与五种营商环境并无明显关系;沿海地区民营企业,政务环境、技术创新环境、金融服务环境越好,企业社会责任履行度越高。此外,非国有经济投资环境与民营企业社会责任履行显著呈正相关。

8.2 研究展望

本书针对营商环境对于企业社会责任推进机制进行了深入分析和探讨,为如何有效地推进企业履行社会责任提供理论依据。从实践来看,本书有助于明确营商环境优化对于民营企业履行社会责任的具体作用,有助于维护企业和内外部环境的关系,从而保证和推进企业更好地履行社会责任,实现可持续发展。但由于各种内因外因,本书存在以下局限和不足,需要在今后进一步探讨和完善。

(1)本书采用了第三方社会责任评级机构润灵环球(RKS)公布的企业社会责任评级数据,尽管该数据所反映的企业社会责任信息水平比较专业与权威,并且已经被众多研究所证明,但由于其提供的数据最早只能从2009年开始,2008年之前的企业社会责任评级数据难以获取。本书的解释变量用王小鲁、樊纲等编制的《中国分省份市场化指数报告》(2018)中的指标来衡量,且数据局限于2012年到2016年偶数年数据,只能采用算术平均法计算奇数年的数据,数据翔实程度不够影响本书结论的科学性。

(2)本书仅仅选择了政务环境、法治环境、金融服务环境、技术创新环境、非国有经济投资环境等少数指标来考察营商环境优化对企业社会责任履行情况的影响,但实际上企业所处的外部制度环境还包括地区经济发展水平、市场化发育程度等,因此未来研究还需要进一步从上述方面展开分析和检验。

(3)本书研究内容和研究方法过于单一,存在一定的局限。一是民营企业对企业社会责任的履行不仅受营商环境的影响,同时对营商环境具有反向影响,两者是双向互动的关系,本书则主要研究了营商环境对企业社会责任的推进单方面的作用;二是营商环境对企业社会责任的推进作用并不是一成不变的,就像营商环境优化的程度以及企业社会责任概念定义都在不断变化,而本书并未用动态和纵向的思路进行研究,主要采用特定时间内获得的横截面数据进行实证分析,时效性不强也降低本文结论的科学性。

附　录

山西省民营企业营商环境调查问卷

一、企业基本状况

1. 企业成立年限。_____

A. 5年以内　　B. 5~10年　　C. 11~20年　　D. 20年以上

2. 企业所属行业。_____

A. 制造业　　B. 农业　　C. 批发零售业　　D. 采矿业

3. 企业年营业额。_____

A. 100万元以下　　B. 100万~500万元

C. 501万~1000万元　　D. 1000万元以上

二、影响企业营商环境的因素调查

1. 贵单位是否实现高频业务或类似高频业务事项信息可在网上查询? _____

A 是　　B 否

2. 对项目审批办结时长是否满意? _____

A 满意　　B 基本满意　　C 不满意

3. 企业反映问题相关部门是否及时解决? _____

A. 及时　　B. 不及时　　C. 不解决

4．政府部门是否经常去宣传扶持企业相关政策？＿＿＿＿＿

A．从不　　B．偶尔　　C．经常

5．贵企业对政法机关推行的审务公开、检务公开、警务公开等措施是否满意？（单选）＿＿＿＿＿

A．满意　　B．比较满意　　C．一般　　D．不满意

6．贵企业认为政法机关执法办案工作质效如何？（单选）＿＿＿＿＿

A．很高　　B．较高　　C．一般　　D．不高

7．贵企业认为所处城市的政法机关在执法办案中存在哪些突出问题？＿＿＿＿＿

A．滥用刑事强制措施,超标的查封、扣押财产

B．混淆企业法人财产与股东个人财产,混淆涉案人员个人财产与家庭成员财产

C．选择性执法司法

D．办案期限较长、司法成本较高

E．服务意识差

8．贵企业认为在山西省投资经营,合法权益是否能得到有效保护？（单选）＿＿＿＿＿

A．能够得到有效保护

B．一般情况能够得到保护

C．不太能够得到保护

D．不能得到保护

9．您对本公司自主创新现状的评价是什么？＿＿＿＿＿

A．从未创新

B．曾经尝试过创新,但以失败告终

C．已经开始创新,已经有初步成果

D．已经开始创新,已经为企业取得效益,继续加大创新投入

10．企业核心技术来源是＿＿＿＿＿。

A．自主研发

B．与有关院校或科研机构合作

C．购买技术

D．外聘技术人员

E．没有核心技术

11．政府支持企业创新是否有资金监管和考核指标要求？_____

A．是　　B．否

12．在改善企业创新环境方面,希望政府今后的努力方向是？_____

A．税收优惠　　B．政策倾斜　　C．人才输送　　D．资金支持

13．贵单位资金来源的渠道包含(可多选)：_____。

A．自筹资金　　B．银行贷款　　C．民间借贷　　D．内部集资

E．财政投入　　F．债权融资　　G．股权融资　　H．其他方式

14．贵单位如果有融资需求,将优先采取哪种融资方式？_____

A．内部融资　　B．贷款融资　　C．股权融资

15．贵单位对融资渠道及融资程序的了解程度怎么样？_____

A．不太了解

B．了解一些融资渠道但不了解操作程序

C．了解大部分融资渠道及相关程序

D．非常了解常用的融资渠道和融资程序并有成功融资的经验

16．您的企业在申请政策扶助的过程中遇到以下哪些困难？_____

A．缺乏配套设施,无从申请

B．政府部门不能明确答复

C．门槛高,达不到扶持条件

D．得益太少,对企业帮助不大

E．手续烦琐,程序周期太长

F．信息渠道不畅

G．其他

三、各项因素满意度评分调查

下面将对贵企业所在地的政务环境、法治环境、创新环境及金融服务环境进行调查评分,选出您认为最合适的一种情况,分数越高,满意程度越高。

(各分值分别代表:1=非常不满意,2=不满意,3=较为满意,4=满意,5=非常满意)

政务环境

序号	题项	1	2	3	4	5
1	您对审批服务是否满意?					
2	与之前所预期的审批服务效率和质量相比,您认为实际的质量与效率如何?					
3	您所希望的行政审批公开,公平,对此是否满意?					
4	您对工作人员的服务态度及主动性是否满意?					

法治环境

序号	题项	1	2	3	4	5
1	您对企业所推行的法律服务内容是否满意?					
2	您对政府执法力度以及执法专业度是否满意?					
3	您对企业中遇到的法律问题以及法律事件,是否可以满意地寻求到法律援助?					
4	您所在的企业是否有积极推行法律宣传,对此是否满意?					

科技创新环境

序号	题项	1	2	3	4	5
1	贵公司所面临的市场规范程度是否对创新有影响？					
2	政府是否愿意与新创企业或者小企业签订产品服务合同？					
3	企业或当地政府是否会为有创新创意的个人或者企业提供支持服务？					
4	企业是否会为那些帮助新企业发展的机构进行支持？					

金融服务环境

序号	题项	1	2	3	4	5
1	您对当地中小企业的资金扶持力度是否满意？					
2	您对金融机构适应中小企业所提供的金融产品是否满意？					
3	您对证券机构提供服务的便利度是否满意？					
4	您对当前已经建立的为中小企业提供信用担保的服务便利度是否满意？					

169

参考文献

陈太义,王燕,赵晓松,2020.营商环境、企业信心与企业高质量发展:来自 2018 年中国企业综合调查(CEGS)的经验证据[J].宏观质量研究,8(2): 110-128.

陈迅,韩亚琴.2005.企业社会责任分级模型及其应用[J].中国工业经济(9): 99-105.

陈智,徐广成,2011.中国企业社会责任影响因素研究:基于公司治理视角的 实证分析[J].软科学,25(4):106-111,116.

陈宗岚,2019.基于制度安排的中国企业社会责任分析[J].现代商贸工业,40 (29):126-128.

邓宏兵,李俊杰,李彦军,2007.区域发展战略中的投资环境创新与产业集群 问题研究[J].中南财经政法大学学报(2):25-29.

邓宏亮,2016.民营企业社会责任与可持续发展能力的关系[J].企业技术开 发,35(24):83-84,97.

邓泽宏,何应龙,2010.企业社会责任运动中的政府作用研究[J].中国行政管 理(11):45-48.

范振华,2018.让标准化成为引领山西民营经济高质量发展的新引擎[J].大众 标准化(12):42-43.

冯梅,范炳龙,2009.国外企业社会责任实践评述与借鉴[J].生产力研究 (22):164-166,177.

甘卫斌,2013.政府规制失灵问题浅析[J].开放导报(4):41-43.

高丽君,2015.现金流量分析在企业管理中的作用研究[J].财经界(12):108.

高尚全,2005.企业社会责任和法人治理结构[J].中国集体经济(1):8-9.

高勇强,何晓斌,李路路,2011.民营企业家社会身份、经济条件与企业慈善捐赠[J].经济研究,46(12):111-123.

弓顺芳,2019.基于营商环境指标下中部六省比较分析与对策[J].经济研究导刊(19):65-67,82.

宫秀芬,2022.国家治理现代化视角下构建亲清新型政商关系研究[J].公共治理研究,34(3):90-96.

宫旭红,任颋,2017.融资约束、信贷支持与民营企业对外直接投资[J].产业经济研究(5):25-37.

郭清梅,2020.新时代完善民营企业法治化营商环境研究[J].河北省社会主义学院学报(3):52-58.

郭珊杉,2022.企业RD投入、融资结构和企业全要素生产率水平[D].杭州:浙江财经大学.

郭子钰,2020.承担社会责任促进企业可持续发展:以长春长生疫苗事件为例[J].商讯(10):12-13.

韩凌云,2000.上海非国有经济投资现状研究[J].上海统计(12):4-7.

何健宁,2019.基于一带一路战略的会展企业国际竞争力提升策略[J].企业改革与管理,356(15):40-41.

洪茜,2002.构建与完善我国中小企业服务体系研究[D].南昌:江西财经大学.

黄玫,朱彬.2004.企业的社会责任[J].瞭望新闻周刊(41):20-24.

霍丽娟,2020.资源依赖理论视角下企业承担职业教育社会责任行为的影响因素分析[J].职业技术教育,41(1):42-48.

吉海涛,2010.利益相关者视角下资源型企业社会责任研究[D].沈阳:辽宁大学.

季宏,2008.企业社会责任管理机制模型的构建[J].统计与决策(11):175-176.

蒋天虹,2004.中小企业融资模式浅析[J].经济与管理(10):42-43.

金乐琴,2004.企业社会责任与可持续发展:理论及对策[J].绿色中国(1):

50-52.

阚京华,孙丰云,刘婷婷,2011.公司社会责任信息披露现状与问题分析[J].
南京财经大学学报(6):53-57,96.

雷杰,李蕾蕾,何存英,2008.企业履行社会责任对其经济效益与可持续发展
能力的影响[J].经济问题探索(8):104-108.

黎家电,2009.履行社会责任促进企业可持续发展[J].中国锰业,27(4):
51-53.

黎友焕,叶祥松.2007.我国纺织业如何应对企业社会责任运动[J].商业时代
(5):33-35.

李娟,马丽莎,2020.营商环境对企业家精神的影响研究[J].商业经济(2):
105-107.

李琨,2013.中小企业社会责任培植与县域经济发展研究:以湖北省为例[J].
当代经济,2(10):74-77.

李伟阳,肖红军.2011.企业社会责任的逻辑[J].中国工业经济(10):87-97.

李西文,田丰,2003.上市公司信息披露要法制化[J].经济论坛(11):12.

李晓,2020.重工企业生产管理工作研究[C]//中国智慧工程研究会智能学习
与创新研究工作委员会.2020万知科学发展论坛论文集(智慧工程一).中国
船舶重工集团第七〇五研究所:10.

李一辉,2017.面向"互联网+"的电子商务创业新模式[J].环渤海经济瞭望
(7):125.

李雨航,2016.关于企业社会责任与企业风险的实证研究[D].北京:对外经济
贸易大学.

林丽阳,李桦,2013.基于微观视角的企业社会责任影响因素研究[J].财会通
讯(15):97-99.

林倩,2019.民营企业技术创新投入对企业绩效影响研究[D].青岛:青岛
大学.

刘藏岩,2008.民营企业社会责任推进机制研究[J].经济经纬(5):111-113.

刘俊海.2005.公司社会责任与和谐消费环境的营造[J].上海政法学院学报

（4）：19-22.

刘桃，李骥，刘敏，等，2019. 可持续发展战略对企业社会责任的影响：员工技能培训的调节作用[J]. 中国人力资源开发，36（5）：22-33.

刘颖然，2020. 企业社会责任与财务绩效关系的实证研究[J]. 经营与管理（6）：52-61.

刘志荣，2010. 农村中小企业培训服务的发展状况及其需求取向[J]. 中国乡镇企业会计（4）：22-25.

卢代富. 2002. 公司社会责任与公司治理结构的创新[J]. 公司法律评论（00）：34-45.

鲁明泓，唐勇，1995. 描绘社会主义经济运行蓝图的学者：记中青年经济学家洪银兴教授[J]. 生产力研究（4）：72-74.

罗赟，2019. 佛山市南海区委常委伍志强：地方政府的廉洁高效是一个地区最重要的营商环境[J]. 中国经济周刊（24）：88-89.

莫龙炯，景维民，2020. 混合所有制改革对中国经济高质量发展的影响[J]. 华东经济管理，34（5）.1-10.

倪鹏飞，2008. 太原城市竞争力分析[J]. 太原科技（2）：1-7.

欧理平，管雪梅，罗艳，2019. CSR 报告能抑制投资者意见分歧度波动吗？：基于上市公司发布 CSR 报告的事件研究[J]. 会计之友（23）：99-103.

潘孝珍，傅超，2020. 政府审计能使企业社会责任表现更好吗？：来自审计署央企审计的经验证据[J]. 审计与经济研究，35（3）：12-21.

彭亮，李黎，2019. 长沙政务营商环境优化及其评价指标体系构建[J]. 价值工程，38（29）：16-18.

彭羽，陈争辉，2014. 中国（上海）自由贸易试验区投资贸易便利化评价指标体系研究[J]. 国际经贸探索，30（10）：63-75.

任颐，2017. 中国城市企业经营环境评估报告：方法与数据[M]. 北京：企业管理出版社.

史坤博，2017. 信息时代中国城市实体商业空间重构：基于电子商务视角的分析[D]. 兰州：兰州大学.

史长宽,梁会君,2013.营商环境省际差异与扩大进口:基于30个省级横截面数据的经验研究[J].山西财经大学学报,35(5):12-23.

宋林霖,何成祥,2019.从招商引资至优化营商环境:地方政府经济职能履行方式的重大转向[J].上海行政学院学报,20(6):100-109.

宋瑞卿.2001.企业是谁的?:关于中国企业管理的哲学思考[J].企业管理(10):85-86.

孙礼,2019.社会治理视阈下政治生态修复与服务营商环境的关系[J].河北省社会主义学院学报(1):46-51.

孙琪,2020.商事制度改革下企业信用监管研究[D].广州:华南理工大学.

谭雪,2017.行业竞争、产权性质与企业社会责任信息披露:基于信号传递理论的分析[J].产业经济研究(3):15-28.

唐亮,林钟高,郑军,等,2018.非正式制度压力下的企业社会责任抉择研究:来自中国上市公司的经验证据[J].中国软科学(12):165-177.

田新月,2018.优化营商环境激发企业活力[J].现代企业文化(上旬)(4):30-31.

汪辉平,王增涛,2018.创新型企业家精神更有利于经济的长期增长吗?[J].南开经济研究(4):85-101.

王冬冬,2017.企业社会责任对财务绩效的影响研究[D].重庆:重庆理工大学.

王杭芳,2018.构建和谐社会视域下的企业社会责任建设实证分析:基于浙中百余企业[J].科技经济市场(12):117-119.

王建玲,李玥婷,吴璇,2019.企业社会责任与风险承担:基于资源依赖理论视角[J].预测,38(3):45-51.

王亮,2011.从利益相关者权益保护视角看企业社会责任[D].武汉:武汉科技大学.

王青,付晓燕,杨磊,等,2021.中医医院社会责任评价指标体系的实证研究[J].会计师(10):116-117.

王绍乐,刘中虎,2014.中国税务营商环境测度研究[J].广东财经大学学报,

29(3):33-39.

王小鲁,2010.我国收入分配现状、趋势及改革思考[J].中国市场(20):8-19.

王兴明,2013.履行社会责任促进企业可持续发展分析[J].郑州轻工业学院学报(社会科学版),14(2):77-79.

王瑶,2020."放管服"改革背景下营商环境优化研究[J].合作经济与科技(10):48-50.

魏俊凯,李学峰,2018.完善政策创新机制辽源市打通高技能人才快速成长通道[J].劳动保障世界(22):16.

魏淑艳,孙峰,2017.东北地区投资营商环境评估与优化对策[J].长白学刊(6):84-92.

魏下海,董志强,刘愿,2013.政治关系、制度环境与劳动收入份额:基于全国民营企业调查数据的实证研究[J].管理世界(5):35-46,187.

吴霞,2015.房地产上市公司社会责任与企业价值的实证研究[J].云南民族大学学报(哲学社会科学版),32(4):116-120.

谢昕琰,楼晓玲,2018.制度压力下的企业研发投入与社会责任:基于中国私营企业调查数据的实证研究[J].华东理工大学学报(社会科学版),33(1):9-20,58.

徐淳厚,1987.试论商业企业的社会责任[J].经济纵横(9):44-47.

徐莉萍,陆明富,张淑霞,等,2019.连锁独立董事、财务绩效与企业社会责任[J].财会通讯(30):70-75.

徐鹏杰,2010.以国外企业信息披露为视角看我国企业社会责任[J].中国经贸导刊(24):74.

许和连,王海成,2018.简政放权改革会改善企业出口绩效吗?:基于出口退(免)税审批权下放的准自然试验[J].经济研究,53(3):157-170.

许可,王瑛,2014.后危机时代对中国营商环境的再认识:基于世界银行对中国2700家私营企业调研数据的实证分析[J].改革与战略,30(7):118-124.

薛刚,2017.国有化工企业社会责任与环境可持续发展关系研究[D].武汉:武汉工程大学.

杨涛,2015.营商环境评价指标体系构建研究:基于鲁苏浙粤四省的比较分析[J].商业经济研究(13):28-31.

叶颉,谢志忠,林克涛,2019.新时期我国民营经济的角色定位、现实困境与发展路径[J].泉州师范学院学报,2019,37(1):20-26.

易金翠,瞿晓龙,2013.企业内部控制管理机制实践与创新:以中信大锰矿业有限责任公司为例[J].财会通讯(20):88-89.

余文建,邓蒂妮,2008.辅助性金融机构发展与中小企业融资改善:台湾地区的经验与借鉴[J].上海金融(8):81-84.

余晓阳,2013.企业履行社会责任对企业绩效的影响:基于我国A股上市公司的实证分析[J].当代经济(13):123-125.

张美莎,徐浩,冯涛,2019.营商环境、关系型借贷与中小企业技术创新[J].山西财经大学学报,41(2):35-49.

张三保,康璧成,张志学,2020.湖北营商环境评价与比较[J].长江论坛(3):16-19.

张彦宁,1990.在治理整顿中坚持完善承包经营责任制[J].中国工商(3):4-6.

张兆国,梁志钢,尹开国,2012.利益相关者视角下企业社会责任问题研究[J].中国软科学(2):139-146.

赵彦普,2002.营建区域创新环境,加速吸引外资[J].经济师(12):89-90.

周立军,王美萍,杨静,2017.互联网企业财务绩效与社会责任绩效的关系研究:基于生命周期理论[J].投资研究,36(1):121-130.

周中胜,何德旭,李正,2012.制度环境与企业社会责任履行:来自中国上市公司的经验证据[J].中国软科学(10):59-68.

ARRUNADA B,2000. Audit quality: attributes, private safeguards and the role of regulation[J]. European Accounting Review,9:205-224.

BERNADETTE K,2003. Film Front Weimar: Representations of the First World War in German Films from the Weimar Period(1919—1933)[M]. Amsterdam University Press.

Bhattacharya CB,Sen S,Korschun D,et al.,2009.利用企业的社会责任来赢得人

才竞争之战[J]. 管理@人（4）：16-20.

BORUDEAU-BRIEN M, KRYZANOWSKI L, 2016. The impact of natural disasters on the stock returns and volatilities of local firms[J]. Quarterly Review of Economics and Finance, 63：259-270.

BOWEN H R, 1953. Social responsibilities of the businessman [M]. New York：Harper & Row.

BRUHN M, IBARRA G L, MCKENZIE D, 2014. The minimal impact of a large-scale financial education program in Mexico City[J]. Journal of Development Economics, 108：184-189.

CARROLL A B, 1979. A three-dimensional conceptual model of corporate performance[J]. Academy of management review, 4（4）：497-505.

CARROLL A B, 1991. The pyramid of corporate social responsibility：Toward the moral management of organizational stakeholders [J]. Business Horizons, 34（4）：39-48.

CARROLL A B, 1991. The pyramid of corporate social responsibility：Toward the moral management of organizational stakeholders [J]. Business Horizons, 34（4）：39-48.

CLARKSON B E. A 1995.Stakeholder Framework for Analyzing and Evaluating Corporate Social Performance[J]. Academy of Management Review, 20（1）：92-117.

DAHLSRUD A.2008. How corporate social responsibility is defined：an analysis of 37 definitions[J]. Corporate social responsibility and environmental management, 15（1）：1-13.

DAVIS K J, 1967. Understanding the social responsibility puzzle[J]. Business horizons, 1967, 10（4）：45-50.

DONALDSON T, PRESTON L E, 1995. The Stakeholder Theory of the Corporation：Concepts, Evidence and Implications. Academy of Management Review[J]. Academy of Management Review, 20（1）：65-91.

FREEMAN R E. 1983. Reed D L. Stockholders and Stakeholders：A New Perspective on Corporate Governance[J]. California Management Review, 25(3):88–106.

GILLANDERS C A, 2015. Foreign direct investment and the ease of doing business [J]. Review of World Economics / Weltwirtschaftliches Archiv, 151(1):103–126.

HASKI–LEVENTHAL D, 2017. Congruence in corporate social responsibility:Connecting the identity andbehavior of employers and employees[J]. Journal of Business Ethics, 143(1):35–51.

HE H W, HARRIS L, 2020. The impact of Covid–19 pandemic on corporate social responsibility and marketing philosophy[J]. Journal of Business Research, 116:176–182.

JACKSON G, APOSTOLAKOU A, 2010. Corporate social responsibility in Western Europe:an institutional mirror or substitute?[J]. Journal of Business Ethics, 94(3):371–394.

JAWAHAR I M, MCLAUGHLIN G L, 2001. Toward a Descriptive Stakeholder Theory:An Organizational Life Cycle Approach[J]. Academy of Management Review, 26(3):397–414.

JO H, HARJOTO M A, 2012. The causal effect of corporate governance on cor-porate social responsibility[J]. Journal of business ethics, 106(1):53–72.

KEMPER J, SCHILKE O, REIMANN M, et al., 2013.Competition–motivated corporate social responsibility[J]. Journal of Business Research, 66(10):1954–1963.

LEPOUTRE J, HEENE A, 2006. Investigating the impact of firm size on smallbusiness social responsibility:a critical review[J]. Journal of business ethics, 67(3):257–273.

LINNANEN L, PANAPANAAN V, 2002. Roadmapping CSR in Finnishcompanies [J]. Helsinki University of Technology, 2:27–28.

MEADS N, SURICO P, 2014. The incidence of transaction taxes:Evidence from a stamp duty holiday[J]. Journal of Public Economics, 119:61–70.

RIDLEY J, SILVA K D, SZOMBATHELY M, 2011. Sustainability assurance and internal auditing in emerging markets[J]. Corporate Governance(4):475–488.

RJIBA H, JAHMANE A, ABID I. Corporate social responsibility and firm value: Guiding through economic policy uncertainty [J]. Finance Research Letters, 2020, 35.

SHARAPOV D, KATTUMAN P, SENA V, 2011. Technological environments, R&D investment, and firm survival [J]. MI-CRO-DYN working paper (34/10).

SHARAPOV D, KATTUMAN P, SENA V, 2011. Technological environments, R&D investment, and firm survival [J]. MI-CRO-DYN working paper (34/10).

TAN K H, MATTHEWS R L, 2009. Operations Strategy in Action: A Guide to the Theory and Practice of Implementation [M]. Edward Elgar Publishing.

ZHOU Z C, OU P, ENDERLE G, 2009. Business Ethics Education for MBA Students in China: Current Status and Future Prospects [J]. Journal of Business Ethics Education, 6: 103–118.

后　记

　　历尽磨难,苦尽甘来。几易其稿,这本书付梓之际,我却不知道应当如何写下致谢。撰写本书对于我而言是人生中一种新的体验,受我十多年以来一直从事教师职业的影响,总会觉得自己身上有种使命感。所以每每见到他(她)人将自己的学术成果印在一张张散发着独特的芳香的纸张上供人阅读借鉴时,都会觉得出版著作这件事是十分神圣且令我羡慕的。而今我也出版了属于自己的书籍,内心的喜悦不禁喷涌而出。

　　本书从研究分析到最后完稿是一个漫长的过程,虽几番易稿,仍有诸多不足,但毕竟是我多年努力得来的研究成果,其中也凝聚着领导的悉心指导、亲人们的关爱以及同事、朋友的鼓励与帮助。在此,对所有关心和帮助过我的老师、家人、同学和朋友致以最诚挚的感谢!

　　首先要感谢乔彬院长。乔院长以其对学术研究敏锐的洞察力和高度的责任心,指导我如何追逐学科前沿,如何思考问题,如何循序渐进地分析、解决问题,促使我在学术上形成兼收并蓄的研究习惯和敏感独特的思维方式,并为我营造了一个相对宽松、自由的研究氛围,鼓励我进行探索性研究。此外,我还要感谢关海玲教授,正是她使我走上学术研究的道路。她以博大的胸怀和豁达的处世态度影响着我,塑造了我乐观、积极而严谨的生活态度,这将是我一生都用不尽的宝贵财富。在本书付梓之际,谨向他们致以由衷的谢意,同时衷心地希望今后能够继续得到他们的指导和帮助。

　　此外,我还要感谢王文利教授、鲁锦涛教授、刘传俊副教授及其他同仁,是他们无私地帮助了我,为我营造了一个宽松、自由的研究氛围,使我能够投入更多的时间和精力于研究报告的撰写中。在此对他们表示诚挚的谢意!

　　此外,我还要感谢我的爱人、孩子及亲属,是他们的无私呵护与支持才给予我时间和精力,让我可以心无旁骛地完成这项研究工作。在工作期间风雨兼程,只有他们能体会到我的艰辛,对于亲人的愧疚与感激溢于言表!

同时,我还要真诚地感谢所有参考文献的作者们,正是借鉴他们丰硕的研究成果,才使得我的研究能够顺利开展并按期完成。

本书的完成,对我而言绝不意味着就此止步,在今后的道路上我还要继续努力,继续攀登!我想,这是对我的家人,以及曾经帮助过我的各位老师、朋友及同学们的最好报答。我会加倍努力,在学术领域更上一层楼,用自己的研究成果来回报大家!